Johann Wolfgang Goethe

Torquato Tasso

Ein Schauspiel in fünf Aufzügen

Johann Wolfgang Goethe: Torquato Tasso. Ein Schauspiel in fünf Aufzügen

Entstanden 1780/81 und 1786/88. Erstdruck: Leipzig (Göschen) 1790. Uraufführung am 16.2.1807 in Weimar.

Neuausgabe mit einer Biographie des Autors
Herausgegeben von Karl-Maria Guth
Berlin 2016

Der Text dieser Ausgabe folgt:
Goethes Werke. Hamburger Ausgabe in 14 Bänden. Textkritisch durchgesehen und mit Anmerkungen versehen von Erich Trunz, Hamburg: Christian Wegener, 1948 ff.

Die Paginierung obiger Ausgabe wird hier als Marginalie zeilengenau mitgeführt.

Umschlaggestaltung von Thomas Schultz-Overhage unter Verwendung des Bildes: Karl Ferdinand Sohn, Torquato Tasso und die beiden Leonoren, 1839

Gesetzt aus der Minion Pro, 11 pt

Verlag: Henricus - Edition Deutsche Klassik GmbH
Mörchinger Str. 33, 14169 Berlin, info@henricus-verlag.de
Druck: Libri Plureos GmbH, Friedensallee 273, 22763 Hamburg

Die Ausgaben der Sammlung Hofenberg basieren auf zuverlässigen Textgrundlagen. Die Seitenkonkordanz zu anerkannten Studienausgaben machen Hofenbergtexte auch in wissenschaftlichem Zusammenhang zitierfähig.

ISBN 978-3-8430-9026-1

Bibliografische Information der Deutschen Nationalbibliothek

Die Deutsche Nationalbibliothek verzeichnet diese Publikation in der Deutschen Nationalbibliografie; detaillierte bibliografische Daten sind im Internet über www.dnb.de abrufbar.

Personen

Alfons der Zweite, Herzog von Ferrata

Leonore von Este, Schwester des Herzogs

Leonore Sanvitale, Gräfin von Scandiano

Torquato Tasso

Antonio Montecatino, Staatssekretär

Der Schauplatz ist auf Belriguardo, einem Lustschlosse.

Erster Aufzug

Erster Auftritt

Gartenplatz, mit Hermen der epischen Dichter geziert. Vorn an der Szene zur Rechten Virgil, zur Linken Ariost. Prinzessin. Leonore.

PRINZESSIN.
Du siehst mich lächelnd an, Eleonore,
Und siehst dich selber an und lächelst wieder.
Was hast du? Laß es eine Freundin wissen!
Du scheinst bedenklich, doch du scheinst vergnügt.

LEONORE.
Ja, meine Fürstin, mit Vergnügen seh ich
Uns beide hier so ländlich ausgeschmückt.
Wir scheinen recht beglückte Schäferinnen
Und sind auch wie die Glücklichen beschäftigt.
Wir winden Kränze. Dieser, bunt von Blumen,
Schwillt immer mehr und mehr in meiner Hand,
Du hast mit höherm Sinn und größrem Herzen
Den zarten schlanken Lorbeer dir gewählt.

PRINZESSIN.
Die Zweige, die ich in Gedanken flocht,
Sie haben gleich ein würdig Haupt gefunden,
Ich setze sie Virgilen dankbar auf.

Sie kränzt die Herme Virgils.

LEONORE.
So drück ich meinen vollen frohen Kranz
Dem Meister Ludwig auf die hohe Stirne –

Sie kränzt Ariostens Herme.

Er, dessen Scherze nie verblühen, habe
Gleich von dem neuen Frühling seinen Teil.

PRINZESSIN.
Mein Bruder ist gefällig, daß er uns

In diesen Tagen schon aufs Land gebracht,
Wir können unser sein und stundenlang
Uns in die goldne Zeit der Dichter träumen.
Ich liebe Belriguardo, denn ich habe
Hier manchen Tag der Jugend froh durchlebt,
Und dieses neue Grün und diese Sonne
Bringt das Gefühl mir jener Zeit zurück.
LEONORE.
Ja es umgibt uns eine neue Welt!
Der Schatten dieser immergrünen Bäume
Wird schon erfreulich. Schon erquickt uns wieder
Das Rauschen dieser Brunnen, schwankend wiegen
Im Morgenwinde sich die jungen Zweige.
Die Blumen von den Beeten schauen uns
Mit ihren Kinderaugen freundlich an.
Der Gärtner deckt getrost das Winterhaus
Schon der Zitronen und Orangen ab,
Der blaue Himmel ruhet über uns
Und an dem Horizonte löst der Schnee
Der fernen Berge sich in leisen Duft.
PRINZESSIN.
Es wäre mir der Frühling sehr willkommen
Wenn er nicht meine Freundin mir entführte.
LEONORE.
Erinnre mich in diesen holden Stunden,
O Fürstin, nicht wie bald ich scheiden soll.
PRINZESSIN.
Was du verlassen magst, das findest du
In jener großen Stadt gedoppelt wieder.
LEONORE.
Es ruft die Pflicht, es ruft die Liebe mich
Zu dem Gemahl der mich so lang entbehrt.
Ich bring ihm seinen Sohn, der dieses Jahr
So schnell gewachsen, schnell sich ausgebildet,
Und teile seine väterliche Freude.
Groß ist Florenz und herrlich, doch der Wert
Von allen seinen aufgehäuften Schätzen
Reicht an Ferraras Edelsteine nicht.

Das Volk hat jene Stadt zur Stadt gemacht,
Ferrara ward durch seine Fürsten groß.
PRINZESSIN.
Mehr durch die guten Menschen, die sich hier
Durch Zufall trafen und zum Glück verbanden.
LEONORE.
Sehr leicht zerstreut der Zufall was er sammelt
Ein edler Mensch zieht edle Menschen an
Und weiß sie fest zu halten, wie ihr tut.
Um deinen Bruder und um dich verbinden
Gemüter sich, die eurer würdig sind,
Und ihr seid eurer großen Väter wert.
Hier zündete sich froh das schöne Licht
Der Wissenschaft, des freien Denkens an,
Als noch die Barbarei mit schwerer Dämmrung
Die Welt umher verbarg. Mir klang als Kind
Der Name Herkules von Este schon,
Schon Hyppolit von Este voll ins Ohr.
Ferrara ward mit Rom und mit Florenz
Von meinem Vater viel gepriesen! Oft
Hab ich mich hingesehnt; nun bin ich da.
Hier ward Petrarch bewirtet, hier gepflegt,
Und Ariost fand seine Muster hier.
Italien nennt keinen großen Namen,
Den dieses Haus nicht seinen Gast genannt.
Und es ist vorteilhaft den Genius
Bewirten: gibst du ihm ein Gastgeschenk,
So läßt er dir ein schöneres zurück.
Die Stätte, die ein guter Mensch betrat,
Ist eingeweiht; nach hundert Jahren klingt
Sein Wort und seine Tat dem Enkel wieder.
PRINZESSIN.
Dem Enkel, wenn er lebhaft fühlt wie du.
Gar oft beneid ich dich um dieses Glück.
LEONORE.
Das du, wie wenig andre, still und rein
Genießest. Drängt mich doch das volle Herz
Sogleich zu sagen was ich lebhaft fühle,

Du fühlst es besser, fühlst es tief und – schweigst.
Dich blendet nicht der Schein des Augenblicks,
Der Witz besticht dich nicht, die Schmeichelei
Schmiegt sich vergebens künstlich an dein Ohr:
Fest bleibt dein Sinn und richtig dein Geschmack,
Dein Urteil grad, stets ist dein Anteil groß
Am Großen, das du wie dich selbst erkennst.

PRINZESSIN.
Du solltest dieser höchsten Schmeichelei
Nicht das Gewand vertrauter Freundschaft leihen.

LEONORE.
Die Freundschaft ist gerecht, sie kann allein
Den ganzen Umfang deines Werts erkennen.
Und laß mich der Gelegenheit, dem Glück
Auch seinen Teil an deiner Bildung geben,
Du hast sie doch, und bist's am Ende doch,
Und dich mit deiner Schwester ehrt die Welt
Vor allen großen Frauen eurer Zeit.

PRINZESSIN.
Mich kann das, Leonore, wenig rühren,
Wenn ich bedenke wie man wenig ist,
Und was man ist, das blieb man andern schuldig.
Die Kenntnis alter Sprachen und des Besten,
Was uns die Vorwelt ließ, dank ich der Mutter;
Doch war an Wissenschaft, an rechtem Sinn
Ihr keine beider Töchter jemals gleich;
Und soll sich eine ja mit ihr vergleichen,
So hat Lucretia gewiß das Recht.
Auch kann ich dir versichern hab ich nie
Als Rang und als Besitz betrachtet, was
Mir die Natur, was mir das Glück verlieh.
Ich freue mich, wenn kluge Männer sprechen,
Daß ich verstehen kann wie sie es meinen.
Es sei ein Urteil über einen Mann
Der alten Zeit und seiner Taten Wert;
Es sei von einer Wissenschaft die Rede,
Die, durch Erfahrung weiter ausgebreitet,
Dem Menschen nutzt indem sie ihn erhebt;

Wohin sich das Gespräch der Edlen lenkt,
Ich folge gern, denn mir wird leicht zu folgen.
Ich höre gern dem Streit der Klugen zu,
Wenn um die Kräfte, die des Menschen Brust
So freundlich und so fürchterlich bewegen,
Mit Grazie die Rednerlippe spielt;
Gern, wenn die fürstliche Begier des Ruhms,
Des ausgebreiteten Besitzes Stoff
Dem Denker wird, und wenn die feine Klugheit,
Von einem klugen Manne zart entwickelt,
Statt uns zu hintergehen uns belehrt.

LEONORE.

Und dann nach dieser ernsten Unterhaltung
Ruht unser Ohr und unser innrer Sinn
Gar freundlich auf des Dichters Reimen aus,
Der uns die letzten lieblichsten Gefühle
Mit holden Tönen in die Seele flößt.
Dein hoher Geist umfaßt ein weites Reich,
Ich halte mich am liebsten auf der Insel
Der Poesie in Lorbeerhainen auf.

PRINZESSIN.

In diesem schönen Lande, hat man mir
Versichern wollen, wächst vor andern Bäumen
Die Myrte gern. Und wenn der Musen gleich
Gar viele sind, so sucht man unter ihnen
Sich seltner eine Freundin und Gespielin,
Als man dem Dichter gern begegnen mag,
Der uns zu meiden, ja zu fliehen scheint,
Etwas zu suchen scheint das wir nicht kennen,
Und er vielleicht am Ende selbst nicht kennt.
Da wär es denn ganz artig, wenn er uns
Zur guten Stunde träfe, schnell entzückt
Uns für den Schatz erkennte, den er lang
Vergebens in der weiten Welt gesucht.

LEONORE.

Ich muß mir deinen Scherz gefallen lassen,
Er trifft mich zwar, doch trifft er mich nicht tief.
Ich ehre jeden Mann und sein Verdienst

Und ich bin gegen Tasso nur gerecht.
Sein Auge weilt auf dieser Erde kaum;
Sein Ohr vernimmt den Einklang der Natur;
Was die Geschichte reicht, das Leben gibt,
Sein Busen nimmt es gleich und willig auf:
Das weit Zerstreute sammelt sein Gemüt,
Und sein Gefühl belebt das Unbelebte.
Oft adelt er was uns gemein erschien,
Und das Geschätzte wird vor ihm zu nichts.
In diesem eignen Zauberkreise wandelt
Der wunderbare Mann und zieht uns an
Mit ihm zu wandeln, teil an ihm zu nehmen:
Er scheint sich uns zu nahn, und bleibt uns fern;
Er scheint uns anzusehn, und Geister mögen
An unsrer Stelle seltsam ihm erscheinen.

PRINZESSIN.
Du hast den Dichter fein und zart geschildert
Der in den Reichen süßer Träume schwebt.
Allein mir scheint auch ihn das Wirkliche
Gewaltsam anzuziehn und fest zu halten.
Die schönen Lieder, die an unsern Bäumen
Wir hin und wieder angeheftet finden,
Die, goldnen Äpfeln gleich, ein neu Hesperien
Uns duftend bilden, erkennst du sie nicht alle
Für holde Früchte einer wahren Liebe?

LEONORE.
Ich freue mich der schönen Blätter auch.
Mit mannigfaltgem Geist verherrlicht er
Ein einzig Bild in allen seinen Reimen.
Bald hebt er es in lichter Glorie
Zum Sternenhimmel auf, beugt sich verehrend
Wie Engel über Wolken vor dem Bilde;
Dann schleicht er ihm durch stille Fluren nach
Und jede Blume windet er zum Kranz.
Entfernt sich die Verehrte, heiligt er
Den Pfad, den leis ihr schöner Fuß betrat.
Versteckt im Busche gleich der Nachtigall
Füllt er aus einem liebekranken Busen

Mit seiner Klagen Wohllaut Hain und Luft:
Sein reizend Leid, die selge Schwermut lockt
Ein jedes Ohr und jedes Herz muß nach –
PRINZESSIN.
Und wenn er seinen Gegenstand benennt
So gibt er ihm den Namen Leonore.
LEONORE.
Es ist dein Name wie es meiner ist.
Ich nähm es übel wenn's ein andrer wäre.
Mich freut es daß er sein Gefühl für dich
In diesem Doppelsinn verbergen kann.
Ich bin zufrieden daß er meiner auch
Bei dieses Namens holdem Klang gedenkt.
Hier ist die Frage nicht von einer Liebe,
Die sich des Gegenstands bemeistern will,
Ausschließend ihn besitzen, eifersüchtig
Den Anblick jedem andern wehren möchte.
Wenn er in seliger Betrachtung sich
Mit deinem Wert beschäftigt, mag er auch
An meinem leichtern Wesen sich erfreun.
Uns liebt er nicht, – verzeih daß ich es sage! –
Aus allen Sphären trägt er was er liebt
Auf einen Namen nieder den wir führen,
Und sein Gefühl teilt er uns mit; wir scheinen
Den Mann zu lieben, und wir lieben nur
Mit ihm das Höchste was wir lieben können.
PRINZESSIN.
Du hast dich sehr in diese Wissenschaft
Vertieft, Eleonore, sagst mir Dinge,
Die mir beinahe nur das Ohr berühren
Und in die Seele kaum noch übergehn.
LEONORE.
Du? Schülerin des Plato! nicht begreifen?
Was dir ein Neuling vorzuschwatzen wagt.
Es müßte sein daß ich zu sehr mich irrte,
Doch irr ich auch nicht ganz, ich weiß es wohl.
Die Liebe zeigt in dieser holden Schule
Sich nicht, wie sonst, als ein verwöhntes Kind:

Es ist der Jüngling der mit Psychen sich
Vermählte, der im Rat der Götter Sitz
Und Stimme hat. Er tobt nicht frevelhaft
Von einer Brust zur andern hin und her;
Er heftet sich an Schönheit und Gestalt
Nicht gleich mit süßem Irrtum fest, und büßet
Nicht schnellen Rausch mit Ekel und Verdruß.

PRINZESSIN.

Da kommt mein Bruder, laß uns nicht verraten
Wohin sich wieder das Gespräch gelenkt.
Wir würden seinen Scherz zu tragen haben,
Wie unsre Kleidung seinen Spott erfuhr.

Zweiter Auftritt

Die Vorigen. Alfons.

ALFONS.

Ich suche Tasso, den ich nirgends finde,
Und treff ihn – hier sogar bei euch nicht an.
Könnt ihr von ihm mir keine Nachricht geben?

PRINZESSIN.

Ich sah ihn gestern wenig, heute nicht.

ALFONS.

Es ist ein alter Fehler, daß er mehr
Die Einsamkeit als die Gesellschaft sucht.
Verzeih ich ihm, wenn er den bunten Schwarm
Der Menschen flieht, und lieber frei im Stillen
Mit seinem Geist sich unterhalten mag,
So kann ich doch nicht loben daß er selbst
Den Kreis vermeidet den die Freunde schließen.

LEONORE.

Irr ich mich nicht, so wirst du bald, o Fürst
Den Tadel in ein frohes Lob verwandeln.
Ich sah ihn heut von fern; er hielt ein Buch
Und eine Tafel, schrieb und ging und schrieb.
Ein flüchtig Wort das er mir gestern sagte
Schien mir sein Werk vollendet anzukünden.
Er sorgt nur kleine Züge zu verbessern,

79

Um deiner Huld, die ihm so viel gewährt,
Ein würdig Opfer endlich darzubringen.
ALFONS.

Er soll willkommen sein *wenn* er es bringt
Und losgesprochen sein auf lange Zeit.
So sehr ich teil an seiner Arbeit nehme,
So sehr in manchem Sinn das große Werk
Mich freut und freuen muß, so sehr vermehrt
Sich auch zuletzt die Ungeduld in mir.
Er kann nicht enden, kann nicht fertig werden,
Er ändert stets, ruckt langsam weiter vor,
Steht wieder still, er hintergeht die Hoffnung;
Unwillig sieht man den Genuß entfernt
In späte Zeit, den man so nah geglaubt.
PRINZESSIN.

Ich lobe die Bescheidenheit, die Sorge,
Womit er Schritt vor Schritt zum Ziele geht.
Nur durch die Gunst der Musen schließen sich
So viele Reime fest in eins zusammen;
Und seine Seele hegt nur diesen Trieb,
Es soll sich sein Gedicht zum Ganzen ründen.
Er will nicht Märchen über Märchen häufen,
Die reizend unterhalten und zuletzt
Wie lose Worte nur verklingend täuschen.
Laß ihn, mein Bruder! denn es ist die Zeit
Von einem guten Werke nicht das Maß;
Und wenn die Nachwelt mit genießen soll,
So muß des Künstlers Mitwelt sich vergessen.
ALFONS.

Laß uns zusammen, liebe Schwester, wirken,
Wie wir zu beider Vorteil oft getan!
Wenn ich zu eifrig bin, so lindre du:
Und bist du zu gelind, so will ich treiben.
Wir sehen dann auf einmal ihn vielleicht
Am Ziel, wo wir ihn lang gewünscht zu sehn.
Dann soll das Vaterland, es soll die Welt
Erstaunen, welch ein Werk vollendet worden.
Ich nehme meinen Teil des Ruhms davon,

80

Und er wird in das Leben eingeführt.
Ein edler Mensch kann einem engen Kreise
Nicht seine Bildung danken. Vaterland
Und Welt muß auf ihn wirken. Ruhm und Tadel
Muß er ertragen lernen. Sich und andre
Wird er gezwungen recht zu kennen. Ihn
Wiegt nicht die Einsamkeit mehr schmeichelnd ein.
Es will der Feind – es darf der Freund nicht schonen:
Dann übt der Jüngling streitend seine Kräfte,
Fühlt was er ist und fühlt sich bald ein Mann.

LEONORE.

So wirst du, Herr, für ihn noch alles tun,
Wie du bisher für ihn schon viel getan.
Es bildet ein Talent sich in der Stille,
Sich ein Charakter in dem Strom der Welt.
O daß er sein Gemüt wie seine Kunst.
An deinen Lehren bilde! daß er nicht
Die Menschen länger meide, daß sein Argwohn
Sich nicht zuletzt in Furcht und Haß verwandle!

ALFONS.

Die Menschen fürchtet nur wer sie nicht kennt,
Und wer sie meidet wird sie bald verkennen.
Das ist sein Fall, und so wird nach und nach
Ein frei Gemüt verworren und gefesselt.
So ist er oft um meine Gunst besorgt
Weit mehr als es ihm ziemte; gegen viele
Hegt er ein Mißtraun, die, ich weiß es sicher,
Nicht seine Feinde sind. Begegnet ja
Daß sich ein Brief verirrt, daß ein Bedienter
Aus seinem Dienst in einen andern geht,
Daß ein Papier aus seinen Händen kommt,
Gleich sieht er Absicht, sieht Verräterei
Und Tücke die sein Schicksal untergräbt.

PRINZESSIN.

Laß uns, geliebter Bruder, nicht vergessen
Daß von sich selbst der Mensch nicht scheiden kann
Und wenn ein Freund, der mit uns wandeln sollte,
Sich einen Fuß beschädigte, wir würden

Doch lieber langsam gehn und unsre Hand
Ihm gern und willig leihen?
ALFONS.
    Besser wär's,
Wenn wir ihn heilen könnten, lieber gleich
Auf treuen Rat des Arztes eine Kur
Versuchten, dann mit dem Geheilten froh
Den neuen Weg des frischen Lebens gingen.
Doch hoff ich, meine Lieben, daß ich nie
Die Schuld des rauhen Arztes auf mich lade.
Ich tue was ich kann um Sicherheit
Und Zutraun seinem Busen einzuprägen.
Ich geb ihm oft in Gegenwart von vielen
Entschiedne Zeichen meiner Gunst. Beklagt
Er sich bei mir, so laß ich's untersuchen;
Wie ich es tat, als er sein Zimmer neulich
Erbrochen glaubte. Läßt sich nichts entdecken,
So zeig ich ihm gelassen wie ich's sehe;
Und da man alles üben muß, so üb ich,
Weil er's verdient, an Tasso die Geduld;
Und ihr, ich weiß es, steht mir willig bei.
Ich hab euch nun aufs Land gebracht und gehe
Heut abend nach der Stadt zurück. Ihr werdet
Auf einen Augenblick Antonio sehen,
Er kommt von Rom und holt mich ab. Wir haben
Viel auszureden, abzutun. Entschlüsse
Sind nun zu fassen, Briefe viel zu schreiben,
Das alles nötigt mich zur Stadt zurück.
PRINZESSIN.
    Erlaubst du uns daß wir dich hinbegleiten
ALFONS.
    Bleibt nur in Belriguardo, geht zusammen
Hinüber nach Consandoli! Genießt
Der schönen Tage ganz nach freier Lust.
PRINZESSIN.
    Du kannst nicht bei uns bleiben? die Geschäfte
Nicht hier so gut als in der Stadt verrichten?

82

LEONORE.

    Du führst uns gleich Antonio hinweg,

    Der uns von Rom so viel erzählen sollte?

ALFONS.

    Es geht nicht an, ihr Kinder; doch ich komme

    Mit ihm so bald als möglich ist, zurück:

    Dann soll er euch erzählen und ihr sollt

    Mir ihn belohnen helfen, der so viel

    In meinem Dienst aufs neue sich bemüht.

    Und haben wir uns wieder ausgesprochen,

    So mag der Schwarm dann kommen, daß es lustig

    In unsern Gärten werde, daß auch mir,

    Wie billig, eine Schönheit in dem Kühlen

    Wenn ich sie suche gern begegnen mag.

LEONORE.

    Wir wollen freundlich durch die Finger sehen.

ALFONS.

    Dagegen wißt ihr daß ich schonen kann.

PRINZESSIN *nach der Szene gekehrt.*

    Schon lange seh ich Tasso kommen. Langsam

    Bewegt er seine Schritte, steht bisweilen

    Auf einmal still, wie unentschlossen, geht

    Dann wieder schneller auf uns los, und weilt

    Schon wieder.

ALFONS.

    Stört ihn, wenn er denkt und dichtet,

    In seinen Träumen nicht, und laßt ihn wandeln.

LEONORE.

    Nein, er hat uns gesehn, er kommt hierher.

Dritter Auftritt

Die Vorigen. Tasso.

TASSO *mit einem Buche in Pergament geheftet.*

    Ich komme langsam dir ein Werk zu bringen,

    Und zaudre noch es dir zu überreichen.

    Ich weiß zu wohl, noch bleibt es unvollendet,

    Wenn es auch gleich geendigt scheinen möchte.

Allein, war ich besorgt es unvollkommen
Dir hinzugeben, so bezwingt mich nun
Die neue Sorge: Möcht ich doch nicht gern
Zu ängstlich, möcht ich nicht undankbar scheinen.
Und wie der Mensch nur sagen kann: Hie bin ich!
Daß Freunde seiner schonend sich erfreuen:
So kann ich auch nur sagen: Nimm es hin!

Er übergibt den Band.

ALFONS.

Du überraschest mich mit deiner Gabe
Und machst mir diesen schönen Tag zum Fest.
So halt ich's endlich denn in meinen Händen,
Und nenn es in gewissem Sinne mein!
Lang wünscht ich schon, du möchtest dich entschließen
Und endlich sagen: Hier! es ist genug.

TASSO.

Wenn ihr zufrieden seid, so ist's vollkommen;
Denn euch gehört es zu in jedem Sinn.
Betrachtet ich den Fleiß den ich verwendet,
Sah ich die Züge meiner Feder an,
So konnt ich sagen: dieses Werk ist mein.
Doch seh ich näher an, was dieser Dichtung
Den innren Wert und ihre Würde gibt,
Erkenn ich wohl, ich hab es nur von euch.
Wenn die Natur der Dichtung holde Gabe
Aus reicher Willkür freundlich mir geschenkt,
So hatte mich das eigensinnge Glück
Mit grimmiger Gewalt von sich gestoßen;
Und zog die schöne Welt den Blick des Knaben
Mit ihrer ganzen Fülle herrlich an,
So trübte bald den jugendlichen Sinn
Der teuren Eltern unverdiente Not.
Eröffnete die Lippe sich zu singen,
So floß ein traurig Lied von ihr herab,
Und ich begleitete mit leisen Tönen
Des Vaters Schmerzen und der Mutter Qual.
Du warst allein der aus dem engen Leben

Zu einer schönen Freiheit mich erhob;
Der jede Sorge mir vom Haupte nahm,
Mir Freiheit gab, daß meine Seele sich
Zu mutigem Gesang entfalten konnte;
Und welchen Preis nun auch mein Werk erhält,
Euch dank ich ihn, denn *euch* gehört es zu.

ALFONS.
Zum zweitenmal verdienst du jedes Lob
Und ehrst bescheiden dich und uns zugleich.

TASSO.
O könnt ich sagen wie ich lebhaft fühle
Daß ich von *euch* nur habe was ich bringe!
Der tatenlose Jüngling – nahm er wohl
Die Dichtung aus sich selbst? Die kluge Leitung
Des raschen Krieges – hat er die ersonnen?
Die Kunst der Waffen, die ein jeder Held
An dem beschiednen Tage kräftig zeigt,
Des Feldherrn Klugheit und der Ritter Mut
Und wie sich List und Wachsamkeit bekämpft,
Hast du mir nicht, o kluger tapfrer Fürst,
Das alles eingeflößt als wärest du
Mein Genius, der eine Freude fände
Sein hohes, unerreichbar hohes Wesen
Durch einen Sterblichen zu offenbaren?

PRINZESSIN.
Genieße nun des Werks das uns erfreut!

ALFONS.
Erfreue dich des Beifalls jedes Guten.

LEONORE.
Des allgemeinen Ruhms erfreue dich.

TASSO.
Mir ist an diesem Augenblick genug.
An euch nur dacht ich wenn ich sann und schrieb,
Euch zu gefallen war mein höchster Wunsch,
Euch zu ergötzen war mein letzter Zweck.
Wer nicht die Welt in seinen Freunden sieht
Verdient nicht daß die Welt von ihm erfahre.
Hier ist mein Vaterland, hier ist der Kreis

In dem sich meine Seele gern verweilt.
Hier horch ich auf, hier acht ich jeden Wink.
Hier spricht Erfahrung, Wissenschaft, Geschmack,
Ja, Welt und Nachwelt seh ich vor mir stehn.
Die Menge macht den Künstler irr und scheu:
Nur wer *euch* ähnlich ist, versteht und fühlt,
Nur der allein soll richten und belohnen!

ALFONS.

Und stellen wir denn Welt und Nachwelt vor,
So ziemt es nicht nur müßig zu empfangen.
Das schöne Zeichen, das den Dichter ehrt,
Das selbst der Held, der seiner stets bedarf,
Ihm ohne Neid ums Haupt gewunden sieht,
Erblick ich hier auf deines Ahnherrn Stirne.

Auf die Herme Virgils deutend.

Hat es der Zufall, hat's ein Genius

Geflochten und gebracht? Es zeigt sich hier
Uns nicht umsonst. Virgilen hör ich sagen:
Was ehret ihr die Toten? Hatten die
Doch ihren Lohn und Freude da sie lebten;
Und wenn ihr uns bewundert und verehrt,
So gebt auch den Lebendigen ihr Teil.
Mein Marmorbild ist schon bekränzt genug,
Der grüne Zweig gehört dem Leben an.

*Alfons winkt seiner Schwester, sie nimmt den Kranz von
der Büste Virgils und nähert sich Tasso. Er tritt zurück.*

LEONORE.

Du weigerst dich? Sieh welche Hand den Kranz,
Den schönen unverwelklichen, dir bietet!

TASSO.

O laßt mich zögern, seh ich doch nicht ein
Wie ich nach dieser Stunde leben soll.

ALFONS.

In dem Genuß des herrlichen Besitzes,
Der dich im ersten Augenblick erschreckt.

PRINZESSIN *indem sie den Kranz in die Höhe hält.*

Du gönnest mir die seltne Freude, Tasso,
Dir ohne Wort zu sagen wie ich denke.

TASSO.

Die schöne Last aus deinen teuren Händen
Empfang ich knieend auf mein schwaches Haupt.

Er kniet nieder, die Prinzessin setzt ihm den Kranz auf.

LEONORE *applaudierend.*

Es lebe der zum erstenmal Bekränzte!
Wie zieret den bescheidnen Mann der Kranz!

Tasso steht auf.

ALFONS.

Es ist ein Vorbild nur von jener Krone,
Die auf dem Kapitol dich zieren soll.

PRINZESSIN.

Dort werden lautere Stimmen dich begrüßen,
Mit leiser Lippe lohnt die Freundschaft hier.

TASSO.

O nehmt ihn weg von meinem Haupte wieder,
Nehmt ihn hinweg! Er sengt mir meine Locken!
Und wie ein Strahl der Sonne, der zu heiß
Das Haupt mir träfe, brennt er mir die Kraft
Des Denkens aus der Stirne. Fieberhitze
Bewegt mein Blut. Verzeiht! Es ist zu viel!

LEONORE.

Es schützet dieser Zweig vielmehr das Haupt
Des Manns, der in den heißen Regionen
Des Ruhms zu wandeln hat, und kühlt die Stirne.

TASSO.

Ich bin nicht wert die Kühlung zu empfinden,
Die nur um Heldenstirnen wehen soll.
O hebt ihn auf, ihr Götter, und verklärt
Ihn zwischen Wolken, daß er hoch und höher
Und unerreichbar schwebe! daß mein Leben
Nach diesem Ziel ein ewig Wandeln sei!

ALFONS.

Wer früh erwirbt, lernt früh den hohen Wert

Der holden Güter dieses Lebens schätzen;
Wer früh genießt, entbehrt in seinem Leben
Mit Willen nicht was er einmal besaß;
Und wer besitzt, der, muß gerüstet sein.

TASSO.

Und wer sich rüsten will, muß eine Kraft
Im Busen fühlen die ihm nie versagt.
Ach! sie versagt mir eben jetzt! Im Glück
Verläßt sie mich, die angeborne Kraft,
Die standhaft mich dem Unglück, stolz dem Unrecht
Begegnen lehrte. Hat die Freude mir,
Hat das Entzücken dieses Augenblicks
Das Mark in meinen Gliedern aufgelöst?
Es sinken meine Knie! Noch einmal
Siehst du, o Fürstin, mich gebeugt vor dir!
Erhöre meine Bitte; nimm ihn weg!
Daß wie aus einem schönen Traum erwacht
Ich ein erquicktes neues Leben fühle.

PRINZESSIN.

Wenn du bescheiden ruhig das Talent,
Das dir die Götter gaben, tragen kannst,
So lern auch diese Zweige tragen, die
Das Schönste sind was wir dir geben können.
Wem einmal, würdig, sie das Haupt berührt,
Dem schweben sie auf ewig um die Stirne.

TASSO.

So laßt mich denn beschämt von hinnen gehn!
Laßt mich mein Glück im tiefen Hain verbergen,
Wie ich sonst meine Schmerzen dort verbarg.
Dort will ich einsam wandeln, dort erinnert
Kein Auge mich ans unverdiente Glück.
Und zeigt mir ungefähr ein klarer Brunnen
In seinem reinen Spiegel einen Mann,
Der wunderbar bekränzt im Widerschein
Des Himmels zwischen Bäumen, zwischen Felsen
Nachdenkend ruht: so scheint es mir, ich sehe
Elysium auf dieser Zauberfläche
Gebildet. Still bedenk ich mich und frage,

Wer mag der Abgeschiedne sein? Der Jüngling
Aus der vergangnen Zeit? So schön bekränzt?
Wer sagt mir seinen Namen? Sein Verdienst?
Ich warte lang und denke: käme doch
Ein andrer und noch einer, sich zu ihm
In freundlichem Gespräche zu gesellen!
O säh ich die Heroen, die Poeten
Der alten Zeit um diesen Quell versammelt!
O säh ich hier sie immer unzertrennlich,
Wie sie im Leben fest verbunden waren!
So bindet der Magnet durch seine Kraft
Das Eisen mit dem Eisen fest zusammen,
Wie gleiches Streben Held und Dichter bindet.
Homer vergaß sich selbst, sein ganzes Leben
War der Betrachtung zweier Männer heilig,
Und Alexander in Elysium
Eilt den Achill und den Homer zu suchen.
O daß ich gegenwärtig wäre, sie
Die größten Seelen nun vereint zu sehen!

LEONORE.

Erwach! Erwache! Laß uns nicht empfinden
Daß du das Gegenwärtige ganz verkennst.

TASSO.

Es ist die Gegenwart die mich erhöht,
Abwesend schein ich nur, ich bin entzückt.

PRINZESSIN.

Ich freue mich, wenn du mit Geistern redest,
Daß du so menschlich sprichst und hör es gern.

Ein Page tritt zu dem Fürsten und richtet leise etwas aus.

ALFONS.

Er ist gekommen! recht zur guten Stunde.
Antonio! – Bring ihn her – Da kommt er schon!

Vierter Auftritt

Die Vorigen. Antonio.

ALFONS.

Willkommen! der du uns zugleich dich selbst
Und gute Botschaft bringst.

PRINZESSIN.

Sei uns gegrüßt!

ANTONIO.

Kaum wag ich es zu sagen welch Vergnügen
In eurer Gegenwart mich neu belebt.
Vor euren Augen find ich alles wieder
Was ich so lang entbehrt. Ihr scheint zufrieden
Mit dem was ich getan, was ich vollbracht,
Und so bin ich belohnt für jede Sorge,
Für manchen bald mit Ungeduld durchharrten,
Bald absichtsvoll verlornen Tag. Wir haben
Nun was wir wünschen, und kein Streit ist mehr.

LEONORE.

Auch ich begrüße dich, wenn ich schon zürne.
Du kommst nur eben da ich reisen muß.

ANTONIO.

Damit mein Glück nicht ganz vollkommen werde
Nimmst du mir gleich den schönen Teil hinweg.

TASSO.

Auch meinen Gruß! Ich hoffe mich der Nähe
Des vielerfahrnen Mannes auch zu freun.

ANTONIO.

Du wirst mich wahrhaft finden, wenn du je
Aus deiner Welt in meine schauen magst.

ALFONS.

Wenn du mir gleich in Briefen schon gemeldet
Was du getan und wie es dir ergangen;
So hab ich doch noch manches auszufragen
Durch welche Mittel das Geschäft gelang?
Auf jenem wunderbaren Boden will der Schritt
Wohl abgemessen sein, wenn er zuletzt

An deinen eignen Zweck dich führen soll.
Wer seines Herren Vorteil rein bedenkt,
Der hat in Rom gar einen schweren Stand:
Denn Rom will *alles* nehmen, geben *nichts*;
Und kommt man hin um etwas zu erhalten,
Erhält man nichts, man bringe denn was hin,
Und glücklich, wenn man da noch was erhält.

ANTONIO.

Es ist nicht mein Betragen, meine Kunst,
Durch die ich deinen Willen, Herr, vollbracht.
Denn welcher Kluge fänd im Vatikan
Nicht seinen Meister? Vieles traf zusammen
Das ich zu unserm Vorteil nutzen konnte.
Dich ehrt Gregor und grüßt und segnet dich.
Der Greis, der würdigste dem eine Krone
Das Haupt belastet, denkt der Zeit mit Freuden,
Da er in seinen Arm dich schloß. Der Mann
Der Männer unterscheidet, kennt und rühmt
Dich hoch! Um deinetwillen tat er viel.

ALFONS.

Ich freue seiner guten Meinung mich,
Sofern sie redlich ist. Doch weißt du wohl,
Vom Vatikan herab sieht man die Reiche
Schon klein genug zu seinen Füßen liegen,
Geschweige denn die Fürsten und die Menschen.
Gestehe nur was dir am meisten half!

ANTONIO.

Gut! wenn du willst: der hohe Sinn des Papsts.
Er sieht das Kleine klein, das Große groß.
Damit er einer Welt gebiete, gibt
Er seinen Nachbarn gern und freundlich nach.
Das Streifchen Land, das er dir überläßt,
Weiß er, wie deine Freundschaft, wohl zu schätzen.
Italien soll ruhig sein, er will
In seiner Nähe Freunde sehen, Friede
Bei seinen Grenzen halten, daß die Macht
Der Christenheit, die er gewaltig lenkt,
Die Türken da, die Ketzer dort vertilge.

PRINZESSIN.

Weiß man die Männer, die er mehr als andre
Begünstigt, die sich ihm vertraulich nahn?

ANTONIO.

Nur der erfahrne Mann besitzt sein Ohr,
Der tätige sein Zutraun, seine Gunst.
Er, der von Jugend auf dem Staat gedient,
Beherrscht ihn jetzt und wirkt auf jene Höfe,
Die er vor Jahren als Gesandter schon
Gesehen und gekannt und oft gelenkt.
Es liegt die Welt so klar vor seinem Blick
Als wie der Vorteil seines eignen Staats.
Wenn man ihn handeln sieht, so lobt man ihn
Und freut sich, wenn die Zeit entdeckt was er
Im stillen lang bereitet und vollbracht.
Es ist kein schönrer Anblick in der Welt
Als einen Fürsten sehn der klug regiert;
Das Reich zu sehn, wo jeder stolz gehorcht,
Wo jeder sich nur selbst zu dienen glaubt
Weil ihm das Rechte nur befohlen wird.

LEONORE.

Wie sehnlich wünsch ich jene Welt einmal
Recht nah zu sehn!

ALFONS.

Doch wohl um mit zu wirken?
Denn bloß beschaun wird Leonore nie.
Es wäre doch recht artig, meine Freundin,
Wenn in das große Spiel wir auch zuweilen
Die zarten Hände mischen könnten – Nicht?

LEONORE *zu Alfons.*

Du willst mich reizen, es gelingt dir nicht

ALFONS.

Ich bin dir viel von andern Tagen schuldig.

LEONORE.

Nun gut, so bleib ich heut in deiner Schuld!
Verzeih und störe meine Fragen nicht.

Zu Antonio.

Hat er für die Nipoten viel getan?
ANTONIO.

Nicht weniger noch mehr als billig ist.
Ein Mächtiger, der für die Seinen nicht
Zu sorgen weiß, wird von dem Volke selbst
Getadelt. Still und mäßig weiß Gregor
Den Seinigen zu nutzen, die dem Staat
Als wackre Männer dienen, und erfüllt
Mit *einer* Sorge zwei verwandte Pflichten.
TASSO.

Erfreut die Wissenschaft, erfreut die Kunst
Sich seines Schutzes auch? und eifert er
Den großen Fürsten alter Zeiten nach?
ANTONIO.

Er ehrt die Wissenschaft, sofern sie nutzt,
Den Staat regieren, Völker kennen lehrt;
Er schätzt die Kunst, sofern sie ziert, sein Rom
Verherrlicht, und Palast und Tempel
Zu Wunderwerken dieser Erde macht.
In seiner Nähe darf nichts müßig sein;
Was gelten soll, muß wirken und muß dienen.
ALFONS.

Und glaubst du, daß wir das Geschäfte bald
Vollenden können? daß sie nicht zuletzt
Noch hie und da uns Hindernisse streuen?
ANTONIO.

Ich müßte sehr mich irren, wenn nicht gleich
Durch deinen Namenszug, durch wenig Briefe
Auf immer dieser Zwist gehoben wäre.
ALFONS.

So lob ich diese Tage meines Lebens
Als eine Zeit des Glückes und Gewinns.
Erweitert seh ich meine Grenze, weiß
Sie für die Zukunft sicher. Ohne Schwertschlag
Hast du's geleistet, eine Bürgerkrone
Dir wohl verdient. Es sollen unsre Frauen
Vom ersten Eichenlaub am schönsten Morgen
Geflochten dir sie um die Stirne legen.

91

Indessen hat mich Tasso auch bereichert:
Er hat Jerusalem für uns erobert,
Und so die neue Christenheit beschämt;
Ein weit entferntes, hoch gestecktes Ziel
Mit frohem Mut und strengem Fleiß erreicht.
Für seine Mühe siehst du ihn gekrönt.

ANTONIO.

Du lösest mir ein Rätsel. Zwei Bekränzte
Erblickt ich mit Verwunderung da ich kam.

TASSO.

Wenn du mein Glück vor deinen Augen siehst,
So wünscht ich, daß du mein beschämt Gemüt
Mit eben diesem Blicke schauen könntest.

ANTONIO.

Mir war es lang bekannt, daß im Belohnen
Alfons unmäßig ist, und du erfährst
Was jeder von den Seinen schon erfuhr.

PRINZESSIN.

Wenn du erst siehst was er geleistet hat,
So wirst du uns gerecht und mäßig finden.
Wir sind nur hier die ersten stillen Zeugen
Des Beifalls, den die Welt ihm nicht versagt,
Und den ihm zehnfach künftge Jahre gönnen.

ANTONIO.

Er ist durch euch schon seines Ruhms gewiß.
Wer dürfte zweifeln, wo *ihr* preisen könnt?
Doch sage mir, wer druckte diesen Kranz
Auf Ariostens Stirne?

LEONORE.

Diese Hand.

ANTONIO.

Und sie hat wohl getan! Er ziert ihn schön
Als ihn der Lorbeer selbst nicht zieren würde.
Wie die Natur die innig reiche Brust
Mit einem grünen, bunten Kleide deckt,
So hüllt er alles was den Menschen nur
Ehrwürdig, liebenswürdig machen kann,
Ins blühende Gewand der Fabel ein.

Zufriedenheit, Erfahrung und Verstand
Und Geisteskraft, Geschmack und reiner Sinn
Fürs wahre Gute, geistig scheinen sie
In seinen Liedern und persönlich doch
Wie unter Blütenbäumen auszuruhn,
Bedeckt vom Schnee der leicht getragnen Blüten,
Umkränzt von Rosen, wunderlich umgaukelt
Vom losen Zauberspiel der Amoretten.
Der Quell des Überflusses rauscht darneben,
Und läßt uns bunte Wunderfische sehn.
Von seltenem Geflügel ist die Luft,
Von fremden Herden Wies und Busch erfüllt.
Die Schalkheit lauscht im Grünen halb versteckt,
Die Weisheit läßt von einer goldnen Wolke
Von Zeit zu Zeit erhabne Sprüche tönen,
Indes auf wohlgestimmter Laute wild
Der Wahnsinn hin und her zu wühlen scheint
Und doch im schönsten Takt sich mäßig hält.
Wer neben diesem Mann sich wagen darf,
Verdient für seine Kühnheit schon den Kranz.
Vergebt, wenn ich mich selbst begeistert fühle,
Wie ein Verzückter weder Zeit noch Ort,
Noch was ich sage wohl bedenken kann;
Denn alle diese Dichter, diese Kränze,
Das seltne festliche Gewand der Schönen
Versetzt mich aus mir selbst in fremdes Land.

PRINZESSIN.

Wer *ein* Verdienst so wohl zu schätzen weiß,
Der wird das andre nicht verkennen. Du
Sollst uns dereinst in Tassos Liedern zeigen
Was wir gefühlt und was nur du erkennst.

ALFONS.

Komm mit, Antonio! manches hab ich noch,
Worauf ich sehr begierig bin, zu fragen.
Dann sollst du bis zum Untergang der Sonne
Den Frauen angehören. Komm! Lebt wohl.

Dem Fürsten folgt Antonio, den Damen Tasso.

27

Zweiter Aufzug

Erster Auftritt

Saal.
Prinzessin. Tasso.

TASSO.
    Unsicher folgen meine Schritte dir,
    O Fürstin, und Gedanken ohne Maß
    Und Ordnung regen sich in meiner Seele.
    Mir scheint die Einsamkeit zu winken, mich
    Gefällig anzulispeln: komm, ich löse
    Die neu erregten Zweifel deiner Brust.
    Doch werf ich einen Blick auf dich, vernimmt
    Mein horchend Ohr ein Wort von deiner Lippe,
    So wird ein neuer Tag um mich herum
    Und alle Bande fallen von mir los.
    Ich will dir gern gestehn, es hat der Mann,
    Der unerwartet zu uns trat, nicht sanft
    Aus einem schönen Traum mich aufgeweckt;
    Sein Wesen, seine Worte haben mich
    So wunderbar getroffen, daß ich mehr
    Als je mich doppelt fühle, mit mir selbst
    Aufs neu in streitender Verwirrung bin.
PRINZESSIN.
    Es ist unmöglich, daß ein alter Freund,
    Der lang entfernt ein fremdes Leben führte,
    Im Augenblick da er uns wiedersieht
    Sich wieder gleich wie ehmals finden soll.
    Er ist in seinem Innern nicht verändert;
    Laß uns mit ihm nur wenig Tage leben,
    So stimmen sich die Saiten hin und wider,
    Bis glücklich eine schöne Harmonie
    Aufs neue sie verbindet. Wird er dann
    Auch näher kennen was du diese Zeit
    Geleistet hast: so stellt er dich gewiß

Dem Dichter an die Seite, den er jetzt
Als einen Riesen dir entgegen stellt.
TASSO.
    Ach meine Fürstin, Ariostens Lob
Aus seinem Munde hat mich mehr ergötzt
Als daß es mich beleidigt hätte. Tröstlich
Ist es für uns den Mann gerühmt zu wissen,
Der als ein großes Muster vor uns steht.
Wir können uns im stillen Herzen sagen:
Erreichst du einen Teil von seinem Wert,
Bleibt dir ein Teil auch seines Ruhms gewiß.
Nein, was das Herz im tiefsten mir bewegte,
Was mir noch jetzt die ganze Seele füllt,
Es waren die Gestalten jener Welt,
Die sich lebendig, rastlos, ungeheuer
Um *einen* großen, einzig klugen Mann
Gemessen dreht und ihren Lauf vollendet,
Den ihr der Halbgott vorzuschreiben wagt.
Begierig horcht ich auf, vernahm mit Lust
Die sichern Worte des erfahrnen Mannes;
Doch ach! je mehr ich horchte, mehr und mehr
Versank ich vor mir selbst, ich fürchtete
Wie Echo an den Felsen zu verschwinden,
Ein Widerhall, ein Nichts mich zu verlieren.
PRINZESSIN.
    Und schienst noch kurz vorher so rein zu fühlen
Wie Held und Dichter für einander leben,
Wie Held und Dichter sich einander suchen,
Und keiner je den andern neiden soll?
Zwar herrlich ist die liedeswerte Tat,
Doch schön ist's auch, der Taten stärkste Fülle
Durch würdge Lieder auf die Nachwelt bringen.
Begnüge dich aus einem kleinen Staate,
Der dich beschützt, dem wilden Lauf der Welt,
Wie von dem Ufer, ruhig zuzusehn.
TASSO.
    Und sah ich hier mit Staunen nicht zuerst,
Wie herrlich man den tapfern Mann belohnt?

Als unerfahrner Knabe kam ich her,
In einem Augenblick, da Fest auf Fest
Ferrara zu dem Mittelpunkt der Ehre
Zu machen schien. O! welcher Anblick war's!
Den weiten Platz, auf dem in ihrem Glanze
Gewandte Tapferkeit sich zeigen sollte,
Umschloß ein Kreis, wie ihn die Sonne nicht
So bald zum zweitenmal bescheinen wird.

Es saßen hier gedrängt die schönsten Frauen,
Gedrängt die ersten Männer unsrer Zeit.
Erstaunt durchlief der Blick die edle Menge;
Man rief: sie alle hat das Vaterland,
Das *eine*, schmale, meerumgebne Land,
Hierher geschickt. Zusammen bilden sie
Das herrlichste Gericht, das über Ehre,
Verdienst und Tugend je entschieden hat.
Gehst du sie einzeln durch, du findest keinen,
Der seines Nachbarn sich zu schämen brauche! –
Und dann eröffneten die Schranken sich.
Da stampften Pferde, glänzten Helm und Schilde,
Da drängten sich die Knappen, da erklang
Trompetenschall, und Lanzen krachten splitternd,
Getroffen tönten Helm und Schilde, Staub,
Auf einen Augenblick, umhüllte wirbelnd
Des Siegers Ehre, des Besiegten Schmach.
O laß mich einen Vorhang vor das ganze,
Mir allzu helle Schauspiel ziehen, daß
In diesem schönen Augenblicke mir
Mein Unwert nicht zu heftig fühlbar werde.

PRINZESSIN.

Wenn jener edle Kreis, wenn jene Taten
Zu Müh und Streben damals dich entflammten,
So konnt ich, junger Freund, zu gleicher Zeit
Der Duldung stille Lehre dir bewähren.
Die Feste, die du rühmst, die hundert Zungen
Mir damals priesen und mir manches Jahr
Nachher gepriesen haben, sah ich nicht.
Am stillen Ort, wohin kaum unterbrochen

Der letzte Widerhall der Freude sich
Verlieren konnte, mußt ich manche Schmerzen
Und manchen traurigen Gedanken leiden.
Mit breiten Flügeln schwebte mir das Bild
Des Todes vor den Augen, deckte mir
Die Aussicht in die immer neue Welt.
Nur nach und nach entfernt' es sich und ließ
Mich, wie durch einen Flor, die bunten Farben
Des Lebens, blaß doch angenehm, erblicken.
Ich sah lebendge Formen wieder sanft sich regen.
Zum erstenmal trat ich, noch unterstützt
Von meinen Frauen, aus dem Krankenzimmer,
Da kam Lucretia voll frohen Lebens
Herbei und führte dich an ihrer Hand.
Du warst der erste, der im neuen Leben
Mir neu und unbekannt entgegen trat.
Da hofft ich viel für dich und mich, auch hat
Uns bis hierher die Hoffnung nicht betrogen.

TASSO.

Und ich, der ich betäubt von dem Gewimmel
Des drängenden Gewühls, von so viel Glanz
Geblendet, und von mancher Leidenschaft
Bewegt, durch stille Gänge des Palasts
An deiner Schwester Seite schweigend ging,
Dann in das Zimmer trat, wo du uns bald
Auf deine Fraun gelehnt erschienest – Mir
Welch ein Moment war dieser! O! Vergib!
Wie den Bezauberten von Rausch und Wahn
Der Gottheit Nähe leicht und willig heilt;
So war auch ich von aller Phantasie,
Von jeder Sucht, von jedem falschen Triebe
Mit *einem* Blick in deinen Blick geheilt.
Wenn unerfahren die Begierde sich
Nach tausend Gegenständen sonst verlor,
Trat ich beschämt zuerst in mich zurück,
Und lernte nun das Wünschenswerte kennen.
So sucht man in dem weiten Sand des Meers
Vergebens eine Perle, die verborgen

In stillen Schalen eingeschlossen ruht.
PRINZESSIN.

Es fingen schöne Zeiten damals an,
Und hätt uns nicht der Herzog von Urbino
Die Schwester weggeführt, uns wären Jahre
Im schönen ungetrübten Glück verschwunden.
Doch leider jetzt vermissen wir zu sehr
Den frohen Geist, die Brust voll Mut und Leben,
Den reichen Witz der liebenswürdgen Frau.
TASSO.

Ich weiß es nur zu wohl, seit jenem Tage
Da sie von hinnen schied, vermochte dir
Die reine Freude niemand zu ersetzen.
Wie oft zerriß es meine Brust! Wie oft
Klagt ich dem stillen Hain mein Leid um dich!
Ach! rief ich aus, hat denn die Schwester nur
Das Glück, das Recht, der Teuren viel zu sein?
Ist denn kein Herz mehr wert, daß sie sich ihm
Vertrauen dürfte, kein Gemüt dem ihren
Mehr gleich gestimmt? Ist Geist und Witz verloschen?
Und war die *eine* Frau, so trefflich sie
Auch war, denn alles? Fürstin! o verzeih!
Da dacht ich manchmal an mich selbst und wünschte
Dir etwas sein zu können. Wenig nur
Doch etwas, nicht mit Worten, mit der Tat
Wünscht ich's zu sein, im Leben dir zu zeigen,
Wie sich mein Herz im stillen dir geweiht.
Doch es gelang mir nicht, und nur zu oft
Tat ich im Irrtum was dich schmerzen mußte,
Beleidigte den Mann den du beschütztest,
Verwirrte unklug was du lösen wolltest,
Und fühlte so mich stets im Augenblick,
Wenn ich mich nahen wollte, fern und ferner.
PRINZESSIN.

Ich habe, Tasso, deinen Willen nie
Verkannt, und weiß wie du dir selbst zu schaden
Geschäftig bist. Anstatt daß meine Schwester
Mit jedem, wie er sei, zu leben weiß,

So kannst du selbst nach vielen Jahren kaum
In einen Freund dich finden.

TASSO.

Tadle mich!
Doch sage mir hernach, wo ist der Mann?
Die Frau? mit der ich wie mit dir
Aus freiem Busen wagen darf zu reden.

PRINZESSIN.

Du solltest meinem Bruder dich vertraun.

TASSO.

Er ist mein Fürst! – Doch glaube nicht, daß mir
Der Freiheit wilder Trieb den Busen blähe.
Der Mensch ist nicht geboren frei zu sein,
Und für den Edeln ist kein schöner Glück,
Als einem Fürsten, den er ehrt, zu dienen.
Und so ist er mein Herr, und ich empfinde
Den ganzen Umfang dieses großen Worts.
Nun muß ich schweigen lernen wenn er spricht,
Und tun wenn er gebietet, mögen auch
Verstand und Herz ihm lebhaft widersprechen.

PRINZESSIN.

Das ist der Fall bei meinem Bruder nie.
Und nun, da wir Antonio wieder haben,
Ist dir ein neuer kluger Freund gewiß.

TASSO.

Ich hofft es ehmals, jetzt verzweifl ich fast.
Wie lehrreich wäre mir sein Umgang, nützlich
Sein Rat in tausend Fällen! Er besitzt,
Ich mag wohl sagen, alles was mir fehlt.
Doch – haben alle Götter sich versammelt
Geschenke seiner Wiege darzubringen?
Die Grazien sind leider ausgeblieben,
Und wem die Gaben dieser Holden fehlen,
Der kann zwar viel besitzen, vieles geben,
Doch läßt sich nie an seinem Busen ruhn.

PRINZESSIN.

Doch läßt sich ihm vertraun, und das ist viel.
Du mußt von *einem* Mann nicht alles fordern,

Und dieser leistet was er dir verspricht.
Hat er sich erst für deinen Freund erklärt,
So sorgt er selbst für dich wo du dir fehlst.
Ihr müßt verbunden sein! Ich schmeichle mir
Dies schöne Werk in kurzem zu vollbringen.
Nur widerstehe nicht wie du es pflegst!
So haben wir Lenoren lang besessen,
Die fein und zierlich ist, mit der es leicht
Sich leben läßt; auch dieser hast du nie,
Wie sie es wünschte, näher treten wollen.

TASSO.

Ich habe dir gehorcht, sonst hätt ich mich
Von ihr entfernt anstatt mich ihr zu nahen.
So liebenswürdig sie erscheinen kann,
Ich weiß nicht wie es ist, konnt ich nur selten
Mit ihr ganz offen sein, und wenn sie auch
Die Absicht hat, den Freunden wohlzutun,
So fühlt man Absicht und man ist verstimmt.

PRINZESSIN.

Auf diesem Wege werden wir wohl nie
Gesellschaft finden, Tasso! Dieser Pfad
Verleitet uns durch einsames Gebüsch,
Durch stille Täler fortzuwandern; mehr
Und mehr verwöhnt sich das Gemüt, und strebt
Die goldne Zeit, die ihm von außen mangelt,
In seinem Innern wieder herzustellen,
So wenig der Versuch gelingen will.

TASSO.

O welches Wort spricht meine Fürstin aus!
Die goldne Zeit wohin ist sie geflohn?
Nach der sich jedes Herz vergebens sehnt!
Da auf der freien Erde Menschen sich
Wie frohe Herden im Genuß verbreiteten;
Da ein uralter Baum auf bunter Wiese
Dem Hirten und der Hirtin Schatten gab,
Und jüngeres Gebüsch die zarten Zweige
Um sehnsuchtsvolle Liebe traulich schlang;
Wo klar und still auf immer reinem Sande

Der weiche Fluß die Nymphe sanft umfing;
Wo in dem Grase die gescheuchte Schlange
Unschädlich sich verlor, der kühne Faun
Vom tapfern Jüngling bald bestraft entfloh;
Wo jeder Vogel in der freien Luft
Und jedes Tier, durch Berg und Täler schweifend
Zum Menschen sprach: Erlaubt ist was gefällt.

PRINZESSIN.

Mein Freund, die goldne Zeit ist wohl vorbei:
Allein die Guten bringen sie zurück;
Und soll ich dir gestehen wie ich denke,
Die goldne Zeit, womit der Dichter uns
Zu schmeicheln pflegt, die schöne Zeit, sie war,
So scheint es mir, so wenig als sie ist,
Und war sie je, so war sie nur gewiß,
Wie sie uns immer wieder werden kann.
Noch treffen sich verwandte Herzen an
Und teilen den Genuß der schönen Welt;
Nur in dem Wahlspruch ändert sich, mein Freund,
Ein einzig Wort: Erlaubt ist was sich ziemt.

TASSO.

O wenn aus guten edlen Menschen nur
Ein allgemein Gericht bestellt entschiede,
Was sich denn ziemt! Anstatt daß jeder glaubt,
Es sei auch schicklich was ihm nützlich ist.
Wir sehn ja, dem Gewaltigen, dem Klugen
Steht alles wohl, und er erlaubt sich alles.

PRINZESSIN.

Willst du genau erfahren was sich ziemt
So frage nur bei edlen Frauen an.
Denn ihnen ist am meisten dran gelegen,
Daß alles wohl sich zieme was geschieht.
Die Schicklichkeit umgibt mit einer Mauer
Das zarte leicht verletzliche Geschlecht.
Wo Sittlichkeit regiert, regieren sie,
Und wo die Frechheit herrscht, da sind sie nichts.
Und wirst du die Geschlechter beide fragen:
Nach Freiheit strebt der Mann, das Weib nach Sitte.

TASSO.

Du nennest uns unbändig, roh, gefühllos?

PRINZESSIN.

Nicht das! Allein ihr strebt nach fernen Gütern,
Und euer Streben muß gewaltsam sein.
Ihr wagt es, für die Ewigkeit zu handeln,
Wenn wir ein einzig nah beschränktes Gut
Auf dieser Erde nur besitzen möchten,
Und wünschen, daß es uns beständig bliebe.
Wir sind von keinem Männerherzen sicher,
Das noch so warm sich einmal uns ergab.
Die Schönheit ist vergänglich, die ihr doch
Allein zu ehren scheint. Was übrig bleibt,
Das reizt nicht mehr, und was nicht reizt, ist tot.
Wenn's Männer gäbe, die ein weiblich Herz
Zu schätzen wüßten, die erkennen möchten,
Welch einen holden Schatz von Treu und Liebe
Der Busen einer Frau bewahren kann,
Wenn das Gedächtnis einzig schöner Stunden
In euren Seelen lebhaft bleiben wollte,
Wenn euer Blick, der sonst durchdringend ist,
Auch durch den Schleier dringen könnte, den
Uns Alter oder Krankheit überwirft,
Wenn der Besitz, der ruhig machen soll,
Nach fremden Gütern euch nicht lüstern machte:
Dann wär uns wohl ein schöner Tag erschienen,
Wir feierten dann unsre goldne Zeit.

TASSO.

Du sagst mir Worte, die in meiner Brust
Halb schon entschlafne Sorgen mächtig regen.

PRINZESSIN.

Was meinst du, Tasso? rede frei mit mir.

TASSO.

Oft hört ich schon, und diese Tage wieder
Hab ich's gehört, ja hätt ich's nicht vernommen,
So müßt ich's denken; edle Fürsten streben
Nach deiner Hand! Was wir erwarten müssen,
Das fürchten wir und möchten schier verzweifeln,

Verlassen wirst du uns, es ist natürlich;
Doch wie wir's tragen wollen, weiß ich nicht.
PRINZESSIN.
Für diesen Augenblick seid unbesorgt!
Fast möcht ich sagen: unbesorgt für immer.
Hier bin ich gern und gerne mag ich bleiben;
Noch weiß ich kein Verhältnis das mich lockte;
Und wenn ihr mich denn ja behalten wollt,
So laßt es mir durch Eintracht sehn, und schafft
Euch selbst ein glücklich Leben, mir durch euch.
TASSO.
O lehre mich das Mögliche zu tun!
Gewidmet sind dir alle meine Tage.
Wenn dich zu preisen, dir zu danken sich
Mein Herz entfaltet, dann empfind ich erst
Das reinste Glück, das Menschen fühlen können.
Das göttlichste erfuhr ich nur in dir.
So unterscheiden sich die Erdengötter
Vor andern Menschen, wie das hohe Schicksal
Vom Rat und Willen selbst der klügsten Männer
Sich unterscheidet. Vieles lassen sie,
Wenn wir gewaltsam Wog auf Woge sehn,
Wie leichte Wellen unbemerkt vorüber
Vor ihren Füßen rauschen, hören nicht
Den Sturm, der uns umsaust und niederwirft,
Vernehmen unser Flehen kaum, und lassen,
Wie wir beschränkten armen Kindern tun,
Mit Seufzern und Geschrei die Luft uns füllen.
Du hast mich oft, o Göttliche, geduldet,
Und wie die Sonne trocknete dein Blick
Den Tau von meinen Augenlidern ab.
PRINZESSIN.
Es ist sehr billig, daß die Frauen dir
Aufs freundlichste begegnen, es verherrlicht
Dein Lied auf manche Weise das Geschlecht.
Zart oder tapfer, hast du stets gewußt
Sie liebenswert und edel vorzustellen:
Und wenn Armide hassenswert erscheint,

Versöhnt ihr Reiz und ihre Liebe bald.

TASSO.

Was auch in meinem Liede widerklingt,
Ich bin nur *einer, einer* alles schuldig!
Es schwebt kein geistig unbestimmtes Bild
Vor meiner Stirne, das der Seele bald
Sich überglänzend nahte, bald entzöge.
Mit meinen Augen hab ich es gesehn,
Das Urbild jeder Tugend, jeder Schöne;
Was ich nach ihm gebildet, das wird bleiben:
Tancredens Heldenliebe zu Chlorinden,
Erminiens stille nicht bemerkte Treue,
Sophroniens Großheit und Olindens Not.
Es sind nicht Schatten, die der Wahn erzeugte,
Ich weiß es, sie sind ewig, denn sie sind.
Und was hat mehr das Recht, Jahrhunderte
Zu bleiben und im stillen fort zu wirken,
Als das Geheimnis einer edlen Liebe,
Dem holden Lied bescheiden anvertraut?

PRINZESSIN.

Und soll ich dir noch einen Vorzug sagen,
Den unvermerkt sich dieses Lied erschleicht?
Es lockt uns nach und nach, wir hören zu,
Wir hören und wir glauben zu verstehn,
Was wir verstehn, das können wir nicht tadeln,
Und so gewinnt uns dieses Lied zuletzt.

TASSO.

Welch einen Himmel öffnest du vor mir,
O Fürstin! Macht mich dieser Glanz nicht blind,
So seh ich unverhofft ein ewig Glück
Auf goldnen Strahlen herrlich niedersteigen.

PRINZESSIN.

Nicht weiter, Tasso! Viele Dinge sind's,
Die wir mit Heftigkeit ergreifen sollen:
Doch andre können nur durch Mäßigung
Und durch Entbehren unser eigen werden.
So, sagt man, sei die Tugend, sei die Liebe,
Die ihr verwandt ist. Das bedenke wohl!

Zweiter Auftritt

TASSO.

Ist dir's erlaubt die Augen aufzuschlagen?
Wagst du's umherzusehn? Du bist allein!
Vernahmen diese Säulen was sie sprach?
Und hast du Zeugen, diese stummen Zeugen
Des höchsten Glücks zu fürchten? Es erhebt
Die Sonne sich des neuen Lebenstages,
Der mit den vorigen sich nicht vergleicht.
Herniedersteigend hebt die Göttin schnell
Den Sterblichen hinauf. Welch neuer Kreis
Entdeckt sich meinem Auge, welches Reich!
Wie köstlich wird der heiße Wunsch belohnt!
Ich träumte mich dem höchsten Glücke nah,
Und *dieses* Glück ist über alle Träume.
Der Blindgeborne denke sich das Licht,
Die Farben wie er will, erscheinet ihm
Der neue Tag, ist's ihm ein neuer Sinn.
Voll Mut und Ahndung, freudetrunken, schwankend
Betret ich diese Bahn. Du gibst mir viel,
Du gibst, wie Erd und Himmel uns Geschenke
Mit vollen Händen übermäßig reichen,
Und forderst wieder, was von mir zu fordern
Nur eine solche Gabe dich berechtigt.
Ich soll entbehren, soll mich mäßig zeigen,
Und so verdienen, daß du mir vertraust.
Was tat ich je, daß sie mich wählen konnte?
Was soll ich tun, um ihrer wert zu sein?
Sie konnte dir vertraun und dadurch bist du's.
Ja, Fürstin, deinen Worten, deinen Blicken
Sei ewig meine Seele ganz geweiht!
Ja, fordre was du willst, denn ich bin dein!
Sie sende mich. Müh und Gefahr und Ruhm
In fernen Landen aufzusuchen, reiche
Im stillen Hain die goldne Leier mir,
Sie weihe mich der Ruh und ihrem Preis:
Ihr bin ich, bildend soll sie mich besitzen;

Mein Herz bewahrte jeden Schatz für *sie*.
O hätt ein tausendfaches Werkzeug mir
Ein Gott gegönnt, kaum drückt ich dann genug
Die unaussprechliche Verehrung aus.
Des Malers Pinsel und des Dichters Lippe,
Die süßeste, die je von frühem Honig
Genährt war, wünscht ich mir. Nein, künftig soll

Nicht Tasso zwischen Bäumen, zwischen Menschen
Sich einsam, schwach und trübgesinnt verlieren!
Er ist nicht mehr allein, er ist mit *dir*.
O daß die edelste der Taten sich
Hier sichtbar vor mich stellte, rings umgeben
Von gräßlicher Gefahr! Ich dränge zu
Und wagte gern das Leben, das ich nun
Von ihren Händen habe – forderte
Die besten Menschen mir zu Freunden auf,
Unmögliches mit einer edeln Schar
Nach *ihrem* Wink und Willen zu vollbringen.
Voreiliger, warum verbarg dein Mund
Nicht das was du empfandst, bis du dich wert
Und werter ihr zu Füßen legen konntest?
Das war dein Vorsatz, war dein kluger Wunsch.
Doch sei es auch! Viel schöner ist es, rein
Und unverdient ein solch Geschenk empfangen,
Als halb und halb zu wähnen, daß man wohl
Es habe fordern dürfen. Blicke freudig,
Es ist so groß, so weit, was vor dir liegt!
Und hoffnungsvolle Jugend lockt dich wieder
In unbekannte, lichte Zukunft hin.
– Schwelle Brust! – O Witterung des Glücks
Begünstge diese Pflanze doch einmal!
Sie strebt gen Himmel, tausend Zweige dringen
Aus ihr hervor, entfalten sich zu Blüten.
O daß sie Frucht, o daß sie Freuden bringe!
Daß eine liebe Hand den goldnen Schmuck
Aus ihren frischen reichen Ästen breche!

Dritter Auftritt

Tasso. Antonio.

TASSO.

    Sei mir willkommen, den ich gleichsam jetzt
    Zum erstenmal erblicke! Schöner ward
    Kein Mann mir angekündigt. Sei willkommen!
    Dich kenn ich nun und *deinen* ganzen Wert,
    Dir biet ich ohne Zögern Herz und Hand
    Und hoffe, daß auch du mich nicht verschmähst.

ANTONIO.

    Freigebig bietest du mir schöne Gaben,
    Und ihren Wert erkenn ich wie ich soll,
    Drum laß mich zögern eh ich sie ergreife.
    Weiß ich doch nicht, ob ich dir auch dagegen
    Ein Gleiches geben kann. Ich möchte gern
    Nicht übereilt und nicht undankbar scheinen:
    Laß mich für beide klug und sorgsam sein.

TASSO.

    Wer wird die Klugheit tadeln? Jeder Schritt
    Des Lebens zeigt wie sehr sie nötig sei;
    Doch schöner ist's, wenn uns die Seele sagt
    Wo wir der feinen Vorsicht nicht bedürfen.

ANTONIO.

    Darüber frage jeder sein Gemüt,
    Weil er den Fehler selbst zu büßen hat.

TASSO.

    So sei's! Ich habe meine Pflicht getan,
    Der Fürstin Wort, die uns zu Freunden wünscht,
    Hab ich verehrt und mich dir vorgestellt.
    Rückhalten durft ich nicht, Antonio; doch gewiß
    Zudringen will ich nicht. Es mag denn sein.
    Zeit und Bekanntschaft heißen dich vielleicht
    Die Gabe wärmer fordern, die du jetzt
    So kalt bei Seite lehnst und fast verschmähst.

ANTONIO.

    Der Mäßige wird öfters kalt genannt

Von Menschen, die sich warm vor andern glauben,
Weil sie die Hitze fliegend überfällt.

TASSO.

Du tadelst was ich tadle, was ich meide.
Auch ich verstehe wohl, so jung ich bin,
Der Heftigkeit die Dauer vorzuziehn.

ANTONIO.

Sehr weislich! Bleibe stets auf diesem Sinne

TASSO.

Du bist berechtigt mir zu raten, mich
Zu warnen, denn es steht Erfahrung dir
Als lang erprobte Freundin an der Seite.
Doch glaube nur, es horcht ein stilles Herz
Auf jedes Tages, jeder Stunde Warnung,
Und übt sich ingeheim an jedem Guten,
Das deine Strenge neu zu lehren glaubt.

ANTONIO.

Es ist wohl angenehm, sich mit sich selbst
Beschäftgen, wenn es nur so nützlich wäre.
Inwendig lernt kein Mensch sein Innerstes
Erkennen. Denn er mißt nach eignem Maß
Sich bald zu klein und leider oft zu groß.
Der Mensch erkennt sich nur im Menschen, nur
Das Leben lehret jedem was er sei.

TASSO.

Mit Beifall und Verehrung hör ich dich.

ANTONIO.

Und dennoch denkst du wohl bei diesen Worten
Ganz etwas anders, als ich sagen will.

TASSO.

Auf diese Weise rücken wir nicht näher.
Es ist nicht klug, es ist nicht wohl getan,
Vorsätzlich einen Menschen zu verkennen,
Er sei auch wer er sei. Der Fürstin Wort
Bedurft es kaum, leicht hab ich dich erkannt:
Ich weiß, daß du das Gute willst und schaffst.
Dein eigen Schicksal läßt dich unbesorgt,
An andre denkst du, andern stehst du bei,

Und auf des Lebens leicht bewegter Woge
Bleibt dir ein stetes Herz. So seh ich dich.
Und was wär ich, ging ich dir nicht entgegen?
Sucht ich begierig nicht auch einen Teil
An dem verschloßnen Schatz, den du bewahrst?
Ich weiß, es reut dich nicht, wenn du dich öffnest;
Ich weiß, du bist mein Freund, wenn du mich kennst:
Und eines solchen Freunds bedurft ich lange.
Ich schäme mich der Unerfahrenheit
Und meiner Jugend nicht. Still ruhet noch
Der Zukunft goldne Wolke mir ums Haupt.
O nimm mich, edler Mann, an deine Brust
Und weihe mich, den Raschen, Unerfahrnen,
Zum mäßigen Gebrauch des Lebens ein.

ANTONIO.

In *einem* Augenblicke forderst du,
Was wohlbedächtig nur die Zeit gewährt.

TASSO.

In einem Augenblick gewährt die Liebe,
Was Mühe kaum in langer Zeit erreicht.
Ich bitt es nicht von dir, ich darf es fordern.
Dich ruf ich in der Tugend Namen auf,
Die gute Menschen zu verbinden eifert.
Und soll ich dir noch einen Namen nennen?
Die Fürstin hofft's, sie will's – Eleonore,
Sie will mich zu dir führen, dich zu mir.
O laß uns ihrem Wunsch entgegen gehn!
Laß uns verbunden vor die Göttin treten,
Ihr unsern Dienst, die ganze Seele bieten,
Vereint für sie das Würdigste zu tun.
Noch einmal! – Hier ist meine Hand! Schlag ein!
Tritt nicht zurück und weigre dich nicht länger,
O edler Mann, und gönne mir die Wollust,
Die schönste guter Menschen, sich dem Bessern
Vertrauend ohne Rückhalt hinzugeben!

ANTONIO.

Du gehst mit vollen Segeln! Scheint es doch
Du bist gewohnt zu siegen, überall

Die Wege breit, die Pforten weit zu finden.
Ich gönne jeden Wert und jedes Glück
Dir gern, allein ich sehe nur zu sehr,
Wir stehn zu weit noch von einander ab.

TASSO.

Es sei an Jahren, an geprüftem Wert:
An frohem Mut und Willen weich ich keinem.

ANTONIO.

Der Wille lockt die Taten nicht herbei;
Der Mut stellt sich die Wege kürzer vor.
Wer angelangt am Ziel ist, wird gekrönt,
Und oft entbehrt ein Würdger eine Krone.
Doch gibt es leichte Kränze, Kränze gibt es
Von sehr verschiedner Art, sie lassen sich
Oft im Spazierengehn bequem erreichen.

TASSO.

Was eine Gottheit diesem frei gewährt
Und jenem streng versagt, ein solches Gut
Erreicht nicht jeder wie er will und mag.

ANTONIO.

Schreib es dem Glück vor andern Göttern zu,
So hör ich's gern, denn seine Wahl ist blind.

TASSO.

Auch die Gerechtigkeit trägt eine Binde
Und schließt die Augen jedem Blendwerk zu.

ANTONIO.

Das Glück erhebe billig der Beglückte!
Er dicht ihm hundert Augen fürs Verdienst
Und kluge Wahl und strenge Sorgfalt an,
Nenn es Minerva, nenn es wie er will,
Er halte gnädiges Geschenk für Lohn,
Zufälligen Putz für wohlverdienten Schmuck.

TASSO.

Du brauchst nicht deutlicher zu sein. Es ist genug!
Ich blicke tief dir in das Herz und kenne 108
Fürs ganze Leben dich. O kennte so
Dich meine Fürstin auch! Verschwende nicht
Die Pfeile deiner Augen, deiner Zunge!

Du richtest sie vergebens nach dem Kranze,
Dem unverwelklichen, auf meinem Haupt.
Sei erst so groß, mir ihn nicht zu beneiden!
Dann darfst du mir vielleicht ihn streitig machen.
Ich acht ihn heilig und das höchste Gut:
Doch zeige mir den Mann, der das erreicht,
Wornach ich strebe, zeige mir den Helden,
Von dem mir die Geschichten nur erzählten;
Den Dichter stell mir vor, der sich Homeren,
Virgilen sich vergleichen darf, ja, was
Noch mehr gesagt ist, zeige mir den Mann,
Der dreifach diesen Lohn verdiente, den
Die schöne Krone dreifach mehr als mich
Beschämte: dann sollst du mich kniend sehn
Vor jener Gottheit, die mich so begabte;
Nicht eher stünd ich auf, bis sie die Zierde
Von meinem Haupt auf seins hinüber drückte.

ANTONIO.

Bis dahin bleibst du freilich ihrer wert.

TASSO.

Man wäge mich, das will ich nicht vermeiden,
Allein Verachtung hab ich nicht verdient.
Die Krone, der mein Fürst mich würdig achtete,
Die meiner Fürstin Hand für mich gewunden,
Soll keiner mir bezweifeln noch begrinsen!

ANTONIO.

Es ziemt der hohe Ton, die rasche Glut
Nicht dir zu mir, noch dir an diesem Orte.

TASSO.

Was du dir hier erlaubst, das ziemt auch mir.
Und ist die Wahrheit wohl von hier verbannt?
Ist im Palast der freie Geist gekerkert?
Hat hier ein edler Mensch nur Druck zu dulden?
Mich dünkt hier ist die Hoheit erst an ihrem Platz.
Der Seele Hoheit! Darf sie sich der Nähe
Der Großen dieser Erde nicht erfreun?
Sie darf's und soll's. Wir nahen uns dem Fürsten
Durch Adel nur, der uns von Vätern kam;

Warum nicht durchs Gemüt, das die Natur
Nicht jedem groß verlieh, wie sie nicht jedem
Die Reihe großer Ahnherrn geben konnte.
Nur Kleinheit sollte hier sich ängstlich fühlen,
Der Neid, der sich zu seiner Schande zeigt:
Wie keiner Spinne schmutziges Gewebe
An diesen Marmorwänden haften soll.

ANTONIO.

Du zeigst mir selbst mein Recht dich zu verschmähn!
Der übereilte Knabe will des Manns
Vertraun und Freundschaft mit Gewalt ertrotzen?
Unsittlich wie du bist hältst du dich gut?

TASSO.

Viel lieber was ihr euch unsittlich nennt,
Als was ich mir unedel nennen müßte.

ANTONIO.

Du bist noch jung genug, daß gute Zucht
Dich eines bessern Wegs belehren kann.

TASSO.

Nicht jung genug, vor Götzen mich zu neigen,
Und Trotz mit Trotz zu bändgen, alt genug.

ANTONIO.

Wo Lippenspiel und Saitenspiel entscheiden,
Ziehst du als Held und Sieger wohl davon.

TASSO.

Verwegen wär es meine Faust zu rühmen,
Denn sie hat nichts getan, doch ich vertrau ihr.

ANTONIO.

Du traust auf Schonung, die dich nur zu sehr
Im frechen Laufe deines Glücks verzog.

TASSO.

Daß ich erwachsen bin, das fühl ich nun!
Mit dir am wenigsten hätt ich gewünscht
Das Wagespiel der Waffen zu versuchen:
Allein du schürest Glut auf Glut, es kocht
Das innre Mark, die schmerzliche Begier
Der Rache siedet schäumend in der Brust.
Bist du der Mann der du dich rühmst, so steh mir.

ANTONIO.

Du weißt so wenig wer, als wo du bist.

TASSO.

Kein Heiligtum heißt uns den Schimpf ertragen
Du lästerst, du entweihest diesen Ort,
Nicht ich, der ich Vertraun, Verehrung, Liebe,
Das schönste Opfer, dir entgegen trug.
Dein Geist verunreint dieses Paradies
Und deine Worte diesen reinen Saal,
Nicht meines Herzens schwellendes Gefühl,
Das braust, den kleinsten Flecken nicht zu leiden.

ANTONIO.

110 Welch hoher Geist in einer engen Brust!

TASSO.

Hier ist noch Raum dem Busen Luft zu machen.

ANTONIO.

Es macht das Volk sich auch mit Worten Luft.

TASSO.

Bist du ein Edelmann wie ich, so zeig es.

ANTONIO.

Ich bin es wohl, doch weiß ich wo ich bin.

TASSO.

Komm mit herab, wo unsre Waffen gelten.

ANTONIO.

Wie du nicht fordern solltest, folg ich nicht.

TASSO.

Der Feigheit ist solch Hindernis willkommen.

ANTONIO.

Der Feige droht nur, wo er sicher ist.

TASSO.

Mit Freuden kann ich diesem Schutz entsagen.

ANTONIO.

Vergib dir nur, dem Ort vergibst du nichts.

TASSO.

Verzeihe mir der Ort daß ich es litt.

Er zieht den Degen.

Zieh oder folge! Wenn ich nicht auf ewig,
Wie ich dich hasse, dich verachten soll.

Vierter Auftritt

Alfons. Die Vorigen.

ALFONS.
  In welchem Streit treff ich euch unerwartet?
ANTONIO.
  Du findest mich, o Fürst, gelassen stehn
  Vor einem, den die Wut ergriffen hat.
TASSO.
  Ich bete dich als eine Gottheit an,
  Daß du mit einem Blick mich warnend bändigst.
ALFONS.
  Erzähl, Antonio, Tasso, sag mir an,
  Wie hat der Zwist sich in mein Haus gedrungen?
  Wie hat er euch ergriffen, von der Bahn
  Der Sitten, der Gesetze kluge Männer
  Im Taumel weggerissen? Ich erstaune.
TASSO.
  Du kennst uns beide nicht, ich glaub es wohl.
  Hier dieser Mann, berühmt als klug und sittlich,
  Hat roh und hämisch wie ein unerzogner,
  Unedler Mensch sich gegen mich betragen.
  Zutraulich naht ich ihm, er stieß mich weg;
  Beharrlich liebend drang ich mich zu ihm,
  Und bitter immer bittrer ruht' er nicht,
  Bis er den reinsten Tropfen Bluts in mir
  Zu Galle wandelte. Verzeih! Du hast mich hier
  Als einen Wütenden getroffen. Dieser
  Hat alle Schuld, wenn ich mich schuldig machte.
  Er hat die Glut gewaltsam angefacht,
  Die mich ergriff und mich und ihn verletzte.
ANTONIO.
  Ihn riß der hohe Dichterschwung hinweg!
  Du hast, o Fürst, zuerst mich angeredet,
  Hast mich gefragt: es sei mir nun erlaubt,

111

Nach diesem raschen Redner auch zu sprechen.

TASSO.

O ja, erzähl, erzähl von Wort zu Wort,
Und kannst du jede Silbe, jede Miene
Vor diesen Richter stellen, wag es nur!
Beleidige dich selbst zum zweiten Male
Und zeuge wider dich! dagegen will
Ich keinen Hauch und keinen Pulsschlag leugnen.

ANTONIO.

Wenn du noch mehr zu reden hast, so sprich:
Wo nicht, so schweig und unterbrich mich nicht.
Ob ich, mein Fürst, ob dieser heiße Kopf
Den Streit zuerst begonnen? wer es sei,
Der unrecht hat? ist eine weite Frage,
Die wohl zuvörderst noch auf sich beruht.

TASSO.

Wie das? Mich dünkt, das ist die erste Frage,
Wer von uns beiden recht und unrecht hat.

ANTONIO.

Nicht ganz, wie sich's der unbegrenzte Sinn
Gedenken mag.

ALFONS.

Antonio!

ANTONIO.

Gnädigster,
Ich ehre deinen Wink, doch laß ihn schweigen;
Hab ich gesprochen, mag er weiter reden:
Du wirst entscheiden. Also sag ich nur:
Ich kann mit ihm nicht rechten, kann ihn weder
Verklagen, noch mich selbst verteidgen, noch
Ihm jetzt genug zu tun mich anerbieten.
Denn wie er steht, ist er kein freier Mann.
Es waltet über ihm ein schwer Gesetz,
Das deine Gnade höchstens lindern wird.
Er hat mir hier gedroht, hat mich gefordert;
Vor dir verbarg er kaum das nackte Schwert.
Und tratst du, Herr, nicht zwischen uns herein,
So stünde jetzt auch ich als pflichtvergessen,

Mitschuldig und beschämt vor deinem Blick.

ALFONS *zu Tasso.*

Du hast nicht wohl getan.

TASSO.

Mich spricht, o Herr
Mein eigen Herz, gewiß auch deines frei.
Ja, es ist wahr, ich drohte, forderte,
Ich zog. Allein, wie tückisch seine Zunge
Mit wohlgewählten Worten mich verletzt,
Wie scharf und schnell sein Zahn das feine Gift
Mir in das Blut geflößt, wie er das Fieber
Nur mehr und mehr erhitzt – du denkst es nicht!
Gelassen, kalt, hat er mich ausgehalten,
Aufs höchste mich getrieben. O! du kennst,
Du kennst ihn nicht und wirst ihn niemals kennen!
Ich trug ihm warm die schönste Freundschaft an;
Er warf mir meine Gaben vor die Füße,
Und hätte meine Seele nicht geglüht,
So war sie deiner Gnade, deines Dienstes
Auf ewig unwert. Hab ich des Gesetzes
Und dieses Orts vergessen, so verzeih.
Auf keinem Boden darf ich niedrig sein,
Erniedrigung auf keinem Boden dulden.
Wenn dieses Herz, es sei auch wo es will,
Dir fehlt und sich, dann strafe, dann verstoße
Und laß mich nie dein Auge wieder sehn.

ANTONIO.

Wie leicht der Jüngling schwere Lasten trägt
Und Fehler wie den Staub vom Kleide schüttelt!
Es wäre zu verwundern, wenn die Zauberkraft
Der Dichtung nicht bekannter wäre, die
Mit dem Ohnmöglichen so gern ihr Spiel
Zu treiben liebt. Ob du auch so, mein Fürst,
Ob alle deine Diener diese Tat
So unbedeutend halten, zweifl ich fast.
Die Majestät verbreitet ihren Schutz
Auf jeden, der sich ihr wie einer Gottheit
Und ihrer unverletzten Wohnung naht.

Wie an dem Fuße des Altars, bezähmt
Sich auf der Schwelle jede Leidenschaft.
Da blinkt kein Schwert, da fällt kein drohend Wort,
Da fordert selbst Beleidgung keine Rache.
Es bleibt das weite Feld ein offner Raum
Für Grimm und Unversöhnlichkeit genug.
Dort wird kein Feiger drohn, kein Mann wird fliehn.
Hier diese Mauern haben deine Väter
Auf Sicherheit gegründet, ihrer Würde
Ein Heiligtum befestigt, diese Ruhe
Mit schweren Strafen ernst und klug erhalten;
Verbannung, Kerker, Tod ergriff den Schuldigen.
Da war kein Ansehn der Person, es hielt
Die Milde nicht den Arm des Rechts zurück;
Und selbst der Frevler fühlte sich geschreckt.
Nun sehen wir nach langem schönem Frieden
In das Gebiet der Sitten rohe Wut
Im Taumel wiederkehren. Herr, entscheide,
Bestrafe! denn wer kann in seiner Pflicht
Beschränkten Grenzen wandeln, schützet ihn
Nicht das Gesetz und seines Fürsten Kraft?

ALFONS.
Mehr als ihr beide sagt und sagen könnt,
Läßt unparteiisch das Gemüt mich hören.
Ihr hättet schöner eure Pflicht getan,
Wenn ich dies Urteil nicht zu sprechen hätte.
Denn hier sind Recht und Unrecht nah verwandt.
Wenn dich Antonio beleidigt hat,
So hat er dir auf irgend eine Weise
Genugzutun, wie du es fordern wirst.
Mir wär es lieb, ihr wähltet mich zum Austrag.
Indessen, dein Vergehen macht, o Tasso,
Dich zum Gefangnen. Wie ich dir vergebe:
So lindr ich das Gesetz um deinetwillen.
Verlaß uns, Tasso! bleib auf deinem Zimmer,
Von dir und mit dir selbst allein bewacht.

TASSO.
Ist dies, o Fürst, dein richterlicher Spruch?

ANTONIO.

Erkennest du des Vaters Milde nicht?

TASSO *zu Antonio.*

Mit dir hab ich vorerst nichts mehr zu reden.

Zu Alfons.

O Fürst, es übergibt dein ernstes Wort
Mich Freien der Gefangenschaft. Es sei!
Du hältst es Recht. Dein heilig Wort verehrend,
Heiß ich mein innres Herz im tiefsten schweigen.
Es ist mir neu, so neu, daß ich fast dich
Und mich und diesen schönen Ort nicht kenne.
Doch diesen kenn ich wohl – Gehorchen will ich,
Ob ich gleich hier noch manches sagen könnte,
Und sagen sollte. Mir verstummt die Lippe.
War's ein Verbrechen? Wenigstens es scheint,
Ich bin als ein Verbrecher angesehn.
Und, was mein Herz auch sagt, ich bin gefangen.

ALFONS.

Du nimmst es höher, Tasso, als ich selbst.

TASSO.

Mir bleibt es unbegreiflich wie es ist;
Zwar unbegreiflich nicht, ich bin kein Kind;
Ich meine fast, ich müßt es denken können.
Auf einmal winkt mich eine Klarheit an,
Doch augenblicklich schließt sich's wieder zu,
Ich höre nur mein Urteil, beuge mich.
Das sind zu viel vergebne Worte schon!
Gewöhne dich von nun an zu gehorchen,
Ohnmächtger! du vergaßest wo du standst;
Der Götter Saal schien dir auf gleicher Erde,
Nun überwältigt dich der jähe Fall.
Gehorche gern, denn es geziemt dem Manne
Auch willig das Beschwerliche zu tun.
Hier nimm den Degen erst, den du mir gabst,
Als ich dem Kardinal nach Frankreich folgte,
Ich führt ihn nicht mit Ruhm, doch nicht mit Schande,
Auch heute nicht. Der hoffnungsvollen Gabe

114

52

Entäußr ich mich mit tiefgerührtem Herzen.

ALFONS.

Wie ich zu dir gesinnt bin fühlst du nicht.

TASSO.

Gehorchen ist mein Los und nicht zu denken!
Und leider eines herrlichern Geschenks
Verleugnung fordert das Geschick von mir.
Die Krone kleidet den Gefangnen nicht:
Ich nehme selbst von meinem Haupt die Zierde,
Die für die Ewigkeit gegönnt mir schien.
Zu früh war mir das schönste Glück verliehen,
Und wird, als hätt ich sein mich überhoben,
Mir nur zu bald geraubt.
Du nimmst dir selbst, was keiner nehmen konnte
Und was kein Gott zum zweiten Male gibt.
Wir Menschen werden wunderbar geprüft;
Wir könnten's nicht ertragen, hätt uns nicht
Den holden Leichtsinn die Natur verliehn.
Mit unschätzbaren Gütern lehret uns
Verschwenderisch die Not gelassen spielen:
Wir öffnen willig unsre Hände, daß
Unwiederbringlich uns ein Gut entschlüpfe.
Mit diesem Kuß vereint sich eine Träne
Und weiht dich der Vergänglichkeit! es ist
Erlaubt das holde Zeichen unsrer Schwäche.
Wer weinte nicht, wenn das Unsterbliche
Vor der Zerstörung selbst nicht sicher ist?
Geselle dich zu diesem Degen, der
Dich leider nicht erwarb, um ihn geschlungen
Ruhe, wie auf dem Sarg der Tapfern, auf
Dem Grabe meines Glücks und meiner Hoffnung!
Hier leg ich beide willig dir zu Füßen;
Denn wer ist wohl gewaffnet, wenn du zürnst?
Und wer geschmückt, o Herr, den du verkennst?
Gefangen geh ich, warte des Gerichts.

*Auf des Fürsten Wink hebt ein Page den Degen mit dem
Kranze auf und trägt ihn weg.*

Fünfter Auftritt

Alfons. Antonio.

ANTONIO.

Wo schwärmt der Knabe hin? Mit welchen Farben
Malt er sich seinen Wert und sein Geschick?
Beschränkt und unerfahren hält die Jugend
Sich für ein einzig auserwähltes Wesen
Und alles über alle sich erlaubt.
Er fühle sich gestraft, und strafen heißt
Dem Jüngling wohltun, daß der Mann uns danke.

ALFONS.

Er ist gestraft, ich fürchte nur zu viel.

ANTONIO.

Wenn du gelind mit ihm verfahren magst,
So gib, o Fürst, ihm seine Freiheit wieder,
Und unsern Zwist entscheide dann das Schwert.

ALFONS.

Wenn es die Meinung fordert, mag es sein.
Doch sprich, wie hast du seinen Zorn gereizt?

ANTONIO.

Ich wüßte kaum zu sagen, wie's geschah.
Als Menschen hab ich ihn vielleicht gekränkt,
Als Edelmann hab ich ihn nicht beleidigt.
Und seinen Lippen ist im größten Zorne
Kein sittenloses Wort entflohn.

ALFONS.

So schien
Mir euer Streit, und was ich gleich gedacht,
Bekräftigt deine Rede mir noch mehr.
Wenn Männer sich entzweien, hält man billig
Den Klügsten für den Schuldigen. Du solltest
Mit ihm nicht zürnen; ihn zu leiten stünde
Dir besser an. Noch immer ist es Zeit:
Hier ist kein Fall, der euch zu streiten zwänge.
So lang mir Friede bleibt, so lange wünsch ich
In meinem Haus ihn zu genießen. Stelle

Die Ruhe wieder her, du kannst es leicht.
Lenore Sanvitale mag ihn erst
Mit zarter Lippe zu besänftgen suchen:
Dann tritt zu ihm, gib ihm in meinem Namen
Die volle Freiheit wieder, und gewinne
Mit edeln, wahren Worten sein Vertraun.
Verrichte das, so bald du immer kannst;
Du wirst als Freund und Vater mit ihm sprechen.
Noch eh wir scheiden, will ich Friede wissen,
Und dir ist nichts unmöglich, wenn du willst.
Wir bleiben lieber eine Stunde länger,
Und lassen dann die Frauen sanft vollenden,
Was du begannst; und kehren wir zurück,
So haben sie von diesem raschen Eindruck
Die letzte Spur vertilgt. Es scheint, Antonio,
Du willst nicht aus der Übung kommen! Du
Hast *ein* Geschäft kaum erst vollendet, nun
Kehrst du zurück und schaffst dir gleich ein neues.
Ich hoffe, daß auch dieses dir gelingt.

ANTONIO.
Ich bin beschämt! Und seh in deinen Worten
Wie in dem klarsten Spiegel meine Schuld.
Gar leicht gehorcht man einem edlen Herrn,
Der überzeugt, indem er uns gebietet.

117

Dritter Aufzug

Erster Auftritt

PRINZESSIN.

  Wo bleibt Eleonore? Schmerzlicher
  Bewegt mir jeden Augenblick die Sorge
  Das tiefste Herz. Kaum weiß ich was geschah,
  Kaum weiß ich wer von beiden schuldig ist.
  O daß sie käme! möcht ich doch nicht gern
  Den Bruder nicht, Antonio nicht sprechen,
  Eh ich gefaßter bin, eh ich vernommen,
  Wie alles steht und was es werden kann.

Zweiter Auftritt

Prinzessin. Leonore.

PRINZESSIN.

  Was bringst du, Leonore? sag mir an:
  Wie steht's um unsre Freunde? Was geschah?
LEONORE.

  Mehr als wir wissen hab ich nicht erfahren
  Sie trafen hart zusammen, Tasso zog,
  Dein Bruder trennte sie: allein es scheint,
  Als habe Tasso diesen Streit begonnen.
  Antonio geht frei umher und spricht
  Mit seinem Fürsten, Tasso bleibt dagegen
  Verbannt in seinem Zimmer und allein.
PRINZESSIN.

  Gewiß hat ihn Antonio gereizt,
  Den Hochgestimmten kalt und fremd beleidigt.
LEONORE.

  Ich glaub es selbst. Denn eine Wolke stand,
  Schon als er zu uns trat, um seine Stirn.
PRINZESSIN.

  Ach daß wir doch dem reinen stillen Wink
  Des Herzens nachzugehn so sehr verlernen!

Ganz leise spricht ein Gott in unsrer Brust,
Ganz leise, ganz vernehmlich, zeigt uns an,
Was zu ergreifen ist und was zu fliehn.
Antonio erschien mir heute früh
Viel schroffer noch als je, in sich gezogner.
Es warnte mich mein Geist, als neben ihn
Sich Tasso stellte. Sieh das Äußre nur
Von beiden an, das Angesicht, den Ton,
Den Blick, den Tritt! es widerstrebt sich alles,
Sie können ewig keine Liebe wechseln.
Doch überredete die Hoffnung mich,
Die Gleisnerin, sie sind vernünftig beide,
Sind edel, unterrichtet, deine Freunde;
Und welch ein Band ist sicherer als der Guten?
Ich trieb den Jüngling an; er gab sich ganz;
Wie schön, wie warm ergab er ganz sich mir!
O hätt ich gleich Antonio gesprochen!
Ich zauderte; es war nur kurze Zeit;
Ich scheute mich, gleich mit den ersten Worten
Und dringend ihm den Jüngling zu empfehlen,
Verließ auf Sitte mich und Höflichkeit,
Auf den Gebrauch der Welt, der sich so glatt
Selbst zwischen Feinde legt; befürchtete
Von dem geprüften Manne diese Jähe
Der raschen Jugend nicht. Es ist geschehn.
Das Übel stand mir fern, nun ist es da.
O gib mir einen Rat! was ist zu tun?
LEONORE.
Wie schwer zu raten sei, das fühlst du selbst
Nach dem was du gesagt. Es ist nicht hier
Ein Mißverständnis zwischen Gleichgestimmten;
Das stellen Worte, ja im Notfall stellen
Es Waffen leicht und glücklich wieder her.
Zwei Männer sind's, ich hab es lang gefühlt,
Die darum Feinde sind, weil die Natur
Nicht *einen* Mann aus ihnen beiden formte.
Und wären sie zu ihrem Vorteil klug,
So würden sie als Freunde sich verbinden.

Dann stünden sie für *einen* Mann, und gingen
Mit Macht und Glück und Lust durchs Leben hin.
So hofft ich selbst, nun seh ich wohl umsonst.
Der Zwist von heute, sei er wie er sei,
Ist beizulegen; doch das sichert uns
Nicht für die Zukunft, für den Morgen nicht.
Es wär am besten, dächt ich, Tasso reiste
Auf eine Zeit von hier; er könnte ja
Nach Rom, auch nach Florenz sich wenden; dort
Träf ich in wenig Wochen ihn, und könnte
Auf sein Gemüt als eine Freundin wirken.
Du würdest hier indessen den Antonio,
Der uns so fremd geworden, dir aufs neue
Und deinen Freunden näher bringen; so
Gewährte das, was jetzt unmöglich scheint,
Die gute Zeit vielleicht, die vieles gibt.

PRINZESSIN.

Du willst dich in Genuß, o Freundin, setzen,
Ich soll entbehren; heißt das billig sein?

LEONORE.

Entbehren wirst du nichts, als was du doch
In diesem Falle nicht genießen könntest.

PRINZESSIN.

So ruhig soll ich einen Freund verbannen?

LEONORE.

Erhalten, den du nur zum Schein verbannst

PRINZESSIN.

Mein Bruder wird ihn nicht mit Willen lassen.

LEONORE.

Wenn er es sieht wie wir, so gibt er nach.

PRINZESSIN.

Es ist so schwer, im Freunde sich verdammen.

LEONORE.

Und dennoch rettest du den Freund in dir.

PRINZESSIN.

Ich gebe nicht mein Ja, daß es geschehe.

LEONORE.

So warte noch ein größres Übel ab.

PRINZESSIN.

Du peinigst mich und weißt nicht ob du nützest.

LEONORE.

Wir werden bald entdecken, wer sich irrt.

PRINZESSIN.

Und soll es sein, so frage mich nicht länger.

LEONORE.

Wer sich entschließen kann, besiegt den Schmerz.

PRINZESSIN.

Entschlossen bin ich nicht, allein es sei,
Wenn er sich nicht auf lange Zeit entfernt –
Und laß uns für ihn sorgen, Leonore,
Daß er nicht etwa künftig Mangel leide,
Daß ihm der Herzog seinen Unterhalt
Auch in der Ferne willig reichen lasse.
Sprich mit Antonio, denn er vermag
Bei meinem Bruder viel, und wird den Streit
Nicht unserm Freund und uns gedenken wollen.

LEONORE.

Ein Wort von dir, Prinzessin, gölte mehr.

PRINZESSIN.

Ich kann, du weißt es, meine Freundin, nicht
Wie's meine Schwester von Urbino kann,
Für mich und für die Meinen was erbitten.
Ich lebe gern so stille vor mich hin
Und nehme von dem Bruder dankbar an,
Was er mir immer geben kann und will.
Ich habe sonst darüber manchen Vorwurf
Mir selbst gemacht, nun hab ich überwunden.
Es schalt mich eine Freundin oft darum:
Du bist uneigennützig, sagte sie,
Das ist recht schön, allein du bist's so sehr,
Daß du auch das Bedürfnis deiner Freunde
Nicht recht empfinden kannst. Ich laß es gehn
Und muß denn eben diesen Vorwurf tragen.
Um desto mehr erfreut es mich, daß ich
Nun in der Tat dem Freunde nützen kann;
Es fällt mir meiner Mutter Erbschaft zu,

Und gerne will ich für ihn sorgen helfen.
LEONORE.

Und ich, o Fürstin, finde mich im Falle,
Daß ich als Freundin auch mich zeigen kann.
Er ist kein guter Wirt; wo es ihm fehlt,
Werd ich ihm schon geschickt zu helfen wissen.
PRINZESSIN.

So nimm ihn weg, und, soll ich ihn entbehren,
Vor allen andern sei er dir gegönnt!
Ich seh es wohl, so wird es besser sein!
Muß ich denn wieder diesen Schmerz als gut
Und heilsam preisen? Das war mein Geschick
Von Jugend auf, ich bin nun dran gewöhnt.
Nur halb ist der Verlust des schönsten Glücks,
Wenn wir auf den Besitz nicht sicher zählten.
LEONORE.

Ich hoffe, dich so schön du es verdienst
Glücklich zu sehn!
PRINZESSIN.

Eleonore! Glücklich?
Wer ist denn glücklich? – Meinen Bruder zwar
Möcht ich so nennen, denn sein großes Herz
Trägt sein Geschick mit immer gleichem Mut;
Allein was er verdient, das ward ihm nie.
Ist meine Schwester von Urbino glücklich?
Das schöne Weib, das edle große Herz!
Sie bringt dem jüngern Manne keine Kinder;
Er achtet sie und läßt sie's nicht entgelten,
Doch keine Freude wohnt in ihrem Haus.
Was half denn unsrer Mutter ihre Klugheit?
Die Kenntnis jeder Art, ihr großer Sinn?
Konnt er sie vor dem fremden Irrtum schützen?
Man nahm uns von ihr weg; nun ist sie tot,
Sie ließ uns Kindern nicht den Trost, daß sie
Mit ihrem Gott versöhnt gestorben sei.
LEONORE.

O blicke nicht nach dem, was jedem fehlt,
Betrachte, was noch einem jeden bleibt!

Was bleibt nicht *dir*, Prinzessin?

PRINZESSIN.

Was mir bleibt?
Geduld, Eleonore! üben konnt ich die
Von Jugend auf. Wenn Freunde, wenn Geschwister
Bei Fest und Spiel gesellig sich erfreuten,
Hielt Krankheit mich auf meinem Zimmer fest,
Und in Gesellschaft mancher Leiden mußt
Ich früh entbehren lernen. Eines war,
Was in der Einsamkeit mich schön ergötzte,
Die Freude des Gesangs; ich unterhielt
Mich mit mir selbst, ich wiegte Schmerz und Sehnsucht
Und jeden Wunsch mit leisen Tönen ein.
Da wurde Leiden oft Genuß und selbst
Das traurige Gefühl zur Harmonie.
Nicht lang war mir dies Glück gegönnt, auch dieses
Nahm mir der Arzt hinweg; sein streng Gebot
Hieß mich verstummen; leben sollt ich, leiden,
Den einzgen kleinen Trost sollt ich entbehren!

LEONORE.

So viele Freunde fanden sich zu dir,
Und nun bist du gesund, bist lebensfroh.

PRINZESSIN.

Ich bin gesund, das heißt, ich bin nicht krank;
Und manche Freunde hab ich, deren Treue
Mich glücklich macht. Auch hatt ich einen Freund –

LEONORE.

Du hast ihn noch.

PRINZESSIN.

Und werd ihn bald verlieren.
Der Augenblick, da ich zuerst ihn sah,
War viel bedeutend. Kaum erholt ich mich
Von manchen Leiden; Schmerz und Krankheit waren
Kaum erst gewichen. Still bescheiden blickt ich
Ins Leben wieder, freute mich des Tags
Und der Geschwister wieder, sog beherzt
Der süßen Hoffnung reinsten Balsam ein.
Ich wagt es vorwärts in das Leben weiter

Hinein zu sehn, und freundliche Gestalten
Begegneten mir aus der Ferne. Da,
Eleonore, stellte mir den Jüngling
Die Schwester vor; er kam an ihrer Hand,
Und daß ich dir's gestehe, da ergriff
Ihn mein Gemüt und wird ihn ewig halten.

LEONORE.

O meine Fürstin, laß dich's nicht gereuen!
Das Edle zu erkennen, ist Gewinst,
Der nimmer uns entrissen werden kann.

PRINZESSIN.

Zu fürchten ist das Schöne, das Fürtreffliche,
Wie eine Flamme, die so herrlich nützt,
So lange sie auf deinem Herde brennt,
So lang sie dir von einer Fackel leuchtet,
Wie hold! wer mag, wer kann sie da entbehren?
Und frißt sie ungehütet um sich her,
Wie elend kann sie machen! Laß mich nun.
Ich bin geschwätzig und verbärge besser
Auch selbst vor dir, wie schwach ich bin und krank.

LEONORE.

Die Krankheit des Gemütes löset sich
In Klagen und Vertraun am leichtesten auf.

PRINZESSIN.

Wenn das Vertrauen heilt, so heil ich bald;
Ich hab es rein und hab es ganz zu dir.
Ach, meine Freundin! Zwar ich bin entschlossen,
Er scheide nur; allein ich fühle schon
Den langen ausgedehnten Schmerz der Tage, wenn
Ich nun entbehren soll was mich erfreute.
Die Sonne hebt von meinen Augenlidern
Nicht mehr sein schön verklärtes Traumbild auf;
Die Hoffnung ihn zu sehen füllt nicht mehr
Den kaum erwachten Geist mit froher Sehnsucht;
Mein erster Blick hinab in unsre Gärten
Sucht ihn vergebens in dem Tau der Schatten.
Wie schön befriedigt fühlte sich der Wunsch
Mit ihm zu sein an jedem heitern Abend!

Wie mehrte sich im Umgang das Verlangen
Sich mehr zu kennen, mehr sich zu verstehn,
Und täglich stimmte das Gemüt sich schöner
Zu immer reinern Harmonien auf.
Welch eine Dämmrung fällt nun vor mir ein!
Der Sonne Pracht, das fröhliche Gefühl
Des hohen Tags, der tausendfachen Welt
Glanzreiche Gegenwart, ist öd und tief
Im Nebel eingehüllt, der mich umgibt.
Sonst war mir jeder Tag ein ganzes Leben;
Die Sorge schwieg, die Ahndung selbst verstummte,
Und glücklich eingeschifft trug uns der Strom
Auf leichten Wellen ohne Ruder hin:
Nun überfällt in trüber Gegenwart
Der Zukunft Schrecken heimlich meine Brust.

LEONORE.
Die Zukunft gibt dir deine Freunde wieder,
Und bringt dir neue Freude, neues Glück.

PRINZESSIN.
Was ich besitze, mag ich gern bewahren:
Der Wechsel unterhält, doch nutzt er kaum.
Mit jugendlicher Sehnsucht griff ich nie
Begierig in den Lostopf fremder Welt,
Für mein bedürfend unerfahren Herz
Zufällig einen Gegenstand zu haschen.
Ihn mußt ich ehren, darum liebt ich ihn;
Ich mußt ihn lieben, weil mit ihm mein Leben
Zum Leben ward, wie ich es nie gekannt.
Erst sagt ich mir, entferne dich von ihm!
Ich wich und wich und kam nur immer näher.
So lieblich angelockt, so hart bestraft!
Ein reines wahres Gut verschwindet mir,
Und meiner Sehnsucht schiebt ein böser Geist
Statt Freud und Glück verwandte Schmerzen unter.

LEONORE.
Wenn einer Freundin Wort nicht trösten kann,
So wird die stille Kraft der schönen Welt,
Der guten Zeit dich unvermerkt erquicken.

PRINZESSIN.

> Wohl ist sie schön die Welt! in ihrer Weite
> Bewegt sich so viel Gutes hin und her.
> Ach daß es immer nur um *einen* Schritt
> Von uns sich zu entfernen scheint,
> Und unsre bange Sehnsucht durch das Leben
> Auch Schritt vor Schritt bis nach dem Grabe lockt!
> So selten ist es, daß die Menschen finden,
> Was ihnen doch bestimmt gewesen schien,
> So selten, daß sie das erhalten, was
> Auch einmal die beglückte Hand ergriff!
> Es reißt sich los, was erst sich uns ergab,
> Wir lassen los, was wir begierig faßten.
> Es gibt ein Glück, allein wir kennen's nicht:
> Wir kennen's wohl, und wissen's nicht zu schätzen.

Dritter Auftritt

LEONORE.

> Wie jammert mich das edle schöne Herz!
> Welch traurig Los das ihrer Hoheit fällt!
> Ach sie verliert – und denkst du zu gewinnen?
> Ist's denn so nötig, daß er sich entfernt?
> Machst du es nötig, um allein für dich
> Das Herz und die Talente zu besitzen,
> Die du bisher mit einer andern teilst
> Und ungleich teilst? Ist's redlich so zu handeln?
> Bist du nicht reich genug? Was fehlt dir noch?
> Gemahl und Sohn und Güter, Rang und Schönheit,
> Das hast du alles, und du willst noch ihn
> Zu diesem allen haben? Liebst du ihn?
> Was ist es sonst, warum du ihn nicht mehr
> Entbehren magst? Du darfst es dir gestehn.
> Wie reizend ist's, in seinem schönen Geiste
> Sich selber zu bespiegeln! Wird ein Glück
> Nicht doppelt groß und herrlich, wenn sein Lied
> Uns wie auf Himmelswolken trägt und hebt?
> Dann bist du erst beneidenswert! Du bist,

Du hast das nicht allein, was viele wünschen,
Es weiß, es kennt auch jeder, was du hast!
Dich nennt dein Vaterland und sieht auf dich,
Das ist der höchste Gipfel jedes Glücks.
Ist *Laura* denn allein der Name, der
Von allen zarten Lippen klingen soll?
Und hatte nur Petrarch allein das Recht,
Die unbekannte Schöne zu vergöttern?
Wo ist ein Mann, der meinem Freunde sich
Vergleichen darf? Wie ihn die Welt verehrt,
So wird die Nachwelt ihn verehrend nennen.
Wie herrlich ist's, im Glanze dieses Lebens
125   Ihn an der Seite haben! so mit ihm
Der Zukunft sich mit leichtem Schritte nahn!
Alsdann vermag die Zeit, das Alter nichts
Auf dich, und nichts der freche Ruf,
Der hin und her des Beifalls Woge treibt:
Das was vergänglich ist, bewahrt sein Lied.
Du bist noch schön noch glücklich, wenn schon lange
Der Kreis der Dinge dich mit fortgerissen.
Du mußt ihn haben, und ihr nimmst du nichts:
Denn ihre Neigung zu dem werten Manne
Ist ihren andern Leidenschaften gleich.
Sie leuchten, wie der stille Schein des Monds
Dem Wandrer spärlich auf dem Pfad zu Nacht;
Sie wärmen nicht und gießen keine Lust
Noch Lebensfreud umher. Sie wird sich freuen,
Wenn sie ihn fern, wenn sie ihn glücklich weiß,
Wie sie genoß, wenn sie ihn täglich sah.
Und dann, ich will mit meinem Freunde nicht
Von ihr und diesem Hofe mich verbannen;
Ich komme wieder, und ich bring ihn wieder.
So soll es sein! – Hier kommt der rauhe Freund,
Wir wollen sehn, ob wir ihn zähmen können.

Vierter Auftritt

Leonore. Antonio.

LEONORE.

  Du bringst uns Krieg statt Frieden; scheint es doch,
  Du kommst aus einem Lager, einer Schlacht,
  Wo die Gewalt regiert, die Faust entscheidet,
  Und nicht von Rom, wo feierliche Klugheit
  Die Hände segnend hebt, und eine Welt
  Zu ihren Füßen sieht, die gern gehorcht.

ANTONIO.

  Ich muß den Tadel, schöne Freundin, dulden,
  Doch die Entschuldgung liegt nicht weit davon.
  Es ist gefährlich, wenn man allzu lang
  Sich klug und mäßig zeigen muß. Es lauert
  Der böse Genius dir an der Seite
  Und will gewaltsam auch von Zeit zu Zeit
  Ein Opfer haben. Leider hab ich's diesmal
  Auf meiner Freunde Kosten ihm gebracht.

LEONORE.

  Du hast um fremde Menschen dich so lang
  Bemüht und dich nach ihrem Sinn gerichtet:
  Nun, da du deine Freunde wieder siehst,
  Verkennst du sie und rechtest wie mit Fremden.

ANTONIO.

  Da liegt, geliebte Freundin, die Gefahr!
  Mit fremden Menschen nimmt man sich zusammen,
  Da merkt man auf, da sucht man seinen Zweck
  In ihrer Gunst, damit sie nutzen sollen.
  Allein bei Freunden läßt man frei sich gehn,
  Man ruht in ihrer Liebe, man erlaubt
  Sich eine Laune, ungezähmter wirkt
  Die Leidenschaft, und so verletzen wir
  Am ersten die, die wir am zartsten lieben.

LEONORE.

  In dieser ruhigen Betrachtung find ich dich
  Schon ganz, mein teurer Freund, mit Freuden wieder.

ANTONIO.

Ja, mich verdrießt – und ich bekenn es gern –
Daß ich mich heut so ohne Maß verlor.
Allein gestehe, wenn ein wackrer Mann
Mit heißer Stirn von saurer Arbeit kommt
Und spät am Abend in ersehntem Schatten
Zu neuer Mühe auszuruhen denkt,
Und findet dann von einem Müßiggänger
Den Schatten breit besessen, soll er nicht
Auch etwas Menschlichs in dem Busen fühlen?

LEONORE.

Wenn er recht menschlich ist, so wird er auch
Den Schatten gern mit einem Manne teilen,
Der ihm die Ruhe süß, die Arbeit leicht
Durch ein Gespräch, durch holde Töne macht.
Der Baum ist breit, mein Freund, der Schatten gibt,
Und keiner braucht den andern zu verdrängen.

ANTONIO.

Wir wollen uns, Eleonore, nicht
Mit einem Gleichnis hin und wider spielen.
Gar viele Dinge sind in dieser Welt,
Die man dem andern gönnt und gerne teilt;
Jedoch es ist ein Schatz, den man allein
Dem Hochverdienten gerne gönnen mag,
Ein andrer, den man mit dem Höchstverdienten
Mit gutem Willen niemals teilen wird –
Und fragst du mich nach diesen beiden Schätzen;
Der Lorbeer ist es und die Gunst der Frauen.

LEONORE.

Hat jener Kranz um unsers Jünglings Haupt
Den ernsten Mann beleidigt? Hättest du
Für seine Mühe, seine schöne Dichtung
Bescheidnern Lohn doch selbst nicht finden können.
Denn ein Verdienst, das außerirdisch ist,
Das in den Lüften schwebt, in Tönen nur,
In leichten Bildern unsern Geist umgaukelt,
Es wird denn auch mit einem schönen Bilde,
Mit einem holden Zeichen nur belohnt;

Und wenn er selbst die Erde kaum berührt,
Berührt der höchste Lohn ihm kaum das Haupt.
Ein unfruchtbarer Zweig ist das Geschenk,
Das der Verehrer unfruchtbare Neigung
Ihm gerne bringt, damit sie einer Schuld
Aufs leichtste sich entlade. Du mißgönnst
Dem Bild des Märtyrers den goldnen Schein
Ums kahle Haupt wohl schwerlich; und gewiß,
Der Lorbeerkranz ist, wo er dir erscheint,
Ein Zeichen mehr des Leidens als des Glücks.

ANTONIO.

Will etwa mich dein liebenswürdger Mund
Die Eitelkeit der Welt verachten lehren?

LEONORE.

Ein jedes Gut nach seinem Wert zu schätzen
Brauch ich dich nicht zu lehren. Aber doch,
Es scheint, von Zeit zu Zeit bedarf der Weise,
So sehr wie andre, daß man ihm die Güter,
Die er besitzt, im rechten Lichte zeige.
Du, edler Mann, du wirst an ein Phantom
Von Gunst und Ehre keinen Anspruch machen.
Der Dienst, mit dem du deinem Fürsten dich,
Mit dem du deine Freunde dir verbindest,
Ist wirkend, ist lebendig, und so muß
Der Lohn auch wirklich und lebendig sein.
Dein Lorbeer ist das fürstliche Vertraun,
Das auf den Schultern dir, als liebe Last
Gehäuft und leicht getragen ruht; es ist
Dein Ruhm das allgemeine Zutraun.

ANTONIO.

Und von der Gunst der Frauen sagst du nichts,
Die willst du mir doch nicht entbehrlich schildern?

LEONORE.

Wie man es nimmt. Denn du entbehrst sie nicht
Und leichter wäre sie dir zu entbehren,
Als sie es jenem guten Mann nicht ist.
Denn sag, geläng es einer Frau, wenn sie
Nach ihrer Art für dich zu sorgen dächte,

128

Mit dir sich zu beschäftgen unternähme?
Bei dir ist alles Ordnung, Sicherheit;
Du sorgst für dich, wie du für andre sorgst,
Du hast was man dir geben möchte. Jener
Beschäftigt uns in unserm eignen Fache.
Ihm fehlt's an tausend Kleinigkeiten, die
Zu schaffen eine Frau sich gern bemüht.
Das schönste Leinenzeug, ein seiden Kleid
Mit etwas Stickerei, das trägt er gern.
Er sieht sich gern geputzt, vielmehr, er kann
Unedlen Stoff, der nur den Knecht bezeichnet,
An seinem Leib nicht dulden, alles soll
Ihm fein und gut und schön und edel stehn.
Und dennoch hat er kein Geschick, das alles
Sich anzuschaffen, wenn er es besitzt,
Sich zu erhalten; immer fehlt es ihm
An Geld, an Sorgsamkeit, bald läßt er da
Ein Stück, bald eines dort. Er kehret nie
Von einer Reise wieder, daß ihm nicht
Ein Dritteil seiner Sachen fehle. Bald
Bestiehlt ihn der Bediente. So, Antonio,
Hat man für ihn das ganze Jahr zu sorgen.

ANTONIO.

Und diese Sorge macht ihn lieb und lieber.
Glückselger Jüngling, dem man seine Mängel
Zur Tugend rechnet, dem so schön vergönnt ist,
Den Knaben noch als Mann zu spielen, der
Sich seiner holden Schwäche rühmen darf!
Du müßtest mir verzeihen, schöne Freundin,
Wenn ich auch hier ein wenig bitter würde.
Du sagst nicht alles, sagst nicht was er wagt,
Und daß er klüger ist, als wie man denkt.
Er rühmt sich zweier Flammen! knüpft und löst
Die Knoten hin und wider, und gewinnt
Mit *solchen* Künsten *solche* Herzen! Ist's
Zu glauben?

LEONORE.

Gut! Selbst das beweist ja schon,

Daß es nur Freundschaft ist, was uns belebt.
Und wenn wir denn auch Lieb um Liebe tauschten,
Belohnten wir das schöne Herz nicht billig,
Das ganz sich selbst vergißt und hingegeben
Im holden Traum für seine Freunde lebt?
ANTONIO.
Verwöhnt ihn nur und immer mehr und mehr,
Laßt seine Selbstigkeit für Liebe gelten,
Beleidigt alle Freunde, die sich euch
Mit treuer Seele widmen! Gebt dem Stolzen
Freiwilligen Tribut, zerstöret ganz
Den schönen Kreis geselligen Vertrauns!
LEONORE.
Wir sind nicht so parteiisch wie du glaubst,
Ermahnen unsern Freund in manchen Fällen;
Wir wünschen ihn zu bilden, daß er mehr
Sich selbst genieße, mehr sich zu genießen
Den andern geben könne. Was an ihm
Zu tadeln ist, das bleibt uns nicht verborgen.
ANTONIO.
Doch lobt ihr vieles was zu tadeln wäre.
Ich kenn ihn lang, er ist so leicht zu kennen,
Und ist zu stolz sich zu verbergen. Bald
Versinkt er in sich selbst, als wäre ganz
Die Welt in seinem Busen, er sich ganz
In seiner Welt genug, und alles rings
Umher verschwindet ihm. Er läßt es gehn,
Läßt's fallen, stößt's hinweg und ruht in sich –
Auf einmal, wie ein unbemerkter Funke
Die Mine zündet, sei es Freude, Leid,
Zorn oder Grille, heftig bricht er aus:
Dann will er *alles* fassen, *alles* halten,
Dann soll geschehn was er sich denken mag;
In einem Augenblicke soll entstehn,
Was Jahre lang bereitet werden sollte,
In einem Augenblick gehoben sein,
Was Mühe kaum in Jahren lösen könnte.
Er fordert das Unmögliche von sich,

Damit er es von andern fordern dürfe,
Die letzten Enden aller Dinge will
Sein Geist zusammen fassen; das gelingt
Kaum *einem* unter Millionen Menschen,
Und er ist nicht der Mann: er fällt zuletzt,
Um nichts gebessert, in sich selbst zurück.
LEONORE.
Er schadet andern nicht, er schadet sich.
ANTONIO.
Und doch verletzt er andre nur zu sehr.
Kannst du es leugnen, daß im Augenblick
Der Leidenschaft, die ihn behend ergreift,
Er auf den Fürsten, auf die Fürstin selbst,
Auf wen es sei, zu schmähn, zu lästern wagt?
Zwar augenblicklich nur, allein genug,
Der Augenblick kommt wieder: er beherrscht
So wenig seinen Mund als seine Brust.
LEONORE.
Ich sollte denken, wenn er sich von hier
Auf eine kurze Zeit entfernte, sollt
Es wohl für ihn und andre nützlich sein.
ANTONIO.
Vielleicht, vielleicht auch nicht. Doch eben jetzt
Ist nicht daran zu denken. Denn ich will
Den Fehler nicht auf meine Schultern laden,
Es könnte scheinen, daß ich ihn vertreibe,
Und ich vertreib ihn nicht. Um meinetwillen
Kann er an unserm Hofe ruhig bleiben;
Und wenn er sich mit mir versöhnen will,
Und wenn er meinen Rat befolgen kann,
So werden wir ganz leidlich leben können.
LEONORE.
Nun hoffst du selbst auf ein Gemüt zu wirken,
Das dir vor kurzem noch verloren schien.
ANTONIO.
Wir hoffen immer, und in allen Dingen
Ist besser hoffen als verzweifeln. Denn
Wer kann das Mögliche berechnen? Er

Ist unserm Fürsten wert. Er muß uns bleiben.
Und bilden wir dann auch umsonst an ihm,
So ist er nicht der einzge den wir dulden.
LEONORE.
So ohne Leidenschaft, so unparteiisch
Glaubt ich dich nicht. Du hast dich schnell bekehrt.
ANTONIO.
Das Alter muß doch *einen* Vorzug haben,
Daß wenn es auch dem Irrtum nicht entgeht,
Es doch sich auf der Stelle fassen kann.
Du warst, mich deinem Freunde zu versöhnen,
Zuerst bemüht. Nun bitt ich es von dir.
Tu was du kannst, daß dieser Mann sich finde,
Und alles wieder bald im gleichen sei.
Ich gehe selbst zu ihm, sobald ich nur
Von dir erfahre, daß er ruhig ist,
Sobald du glaubst, daß meine Gegenwart
Das Übel nicht vermehrt. Doch was du tust,
Das tu in dieser Stunde; denn es geht
Alfons heut abend noch zurück, und ich
Werd ihn begleiten. Leb indessen wohl.

Fünfter Auftritt

LEONORE.
Für diesmal, lieber Freund, sind wir nicht eins,
Mein Vorteil und der deine gehen heut
Nicht Hand in Hand. Ich nütze diese Zeit
Und suche Tasso zu gewinnen. Schnell!

Vierter Aufzug

Erster Auftritt

Zimmer.

TASSO *allein.*
  Bist du aus einem Traum erwacht und hat
  Der schöne Trug auf einmal dich verlassen?
  Hat dich nach einem Tag der höchsten Lust
  Ein Schlaf gebändigt, hält und ängstet nun
  Mit schweren Fesseln deine Seele? Ja,
  Du wachst und träumst. Wo sind die Stunden hin,
  Die um dein Haupt mit Blumenkränzen spielten?
  Die Tage, wo dein Geist mit freier Sehnsucht
  Des Himmels ausgespanntes Blau durchdrang?
  Und dennoch lebst du noch und fühlst dich an,
  Du fühlst dich an und weißt nicht ob du lebst.
  Ist's meine Schuld, ist's eines andern Schuld,
  Daß ich mich nun als schuldig hier befinde?
  Hab ich verbrochen, daß ich leiden soll?
  Ist nicht mein ganzer Fehler ein Verdienst?
  Ich sah ihn an und ward vom guten Willen,
  Vom Hoffnungswahn des Herzens übereilt:
  Der sei ein Mensch, der menschlich Ansehn trägt.
  Ich ging mit offnen Armen auf ihn los,
  Und fühlte Schloß und Riegel, keine Brust.
  O hatt ich doch so klug mir ausgedacht,
  Wie ich den Mann empfangen wollte, der
  Von alten Zeiten mir verdächtig war!
  Allein was immer dir begegnet sei,
  So halte dich an *der* Gewißheit fest:
  Ich habe *sie* gesehn! Sie stand vor mir!
  Sie sprach zu mir, ich habe sie vernommen!
  Der Blick, der Ton, der Worte holder Sinn,
  Sie sind auf ewig mein, es raubt sie nicht
  Die Zeit, das Schicksal, noch das wilde Glück.

132

Und hob mein Geist sich da zu schnell empor,
Und ließ ich allzurasch in meinem Busen
Der Flamme Luft, die mich nun ganz verzehrt,
So kann mich's nicht gereun, und wäre selbst
Auf ewig das Geschick des Lebens hin.
Ich widmete mich ihr und folgte froh
Dem Winke, der mich ins Verderben rief.
Es sei! So hab ich mich doch wert gezeigt
Des köstlichen Vertrauns, das mich erquickt,
In dieser Stunde selbst erquickt, die mir
Die schwarze Pforte langer Trauerzeit
Gewaltsam öffnet. – Ja, nun ist's getan!
Es geht die Sonne mir der schönsten Gunst
Auf einmal unter; seinen holden Blick
Entziehet mir der Fürst, und läßt mich hier
Auf düstrem, schmalen Pfad verloren stehn.
Das häßliche zweideutige Geflügel,
Das leidige Gefolg der alten Nacht,
Es schwärmt hervor und schwirrt mir um das Haupt.
Wohin, wohin beweg ich meinen Schritt?
Dem Ekel zu entfliehn, der mich umsaust,
Dem Abgrund zu entgehn, der vor mir liegt?

133

Zweiter Auftritt

Leonore. Tasso.

LEONORE.

Was ist begegnet? Lieber Tasso, hat
Dein Eifer dich, dein Argwohn so getrieben?
Wie ist's geschehn? Wir alle stehn bestürzt.
Und deine Sanftmut, dein gefällig Wesen,
Dein schneller Blick, dein richtiger Verstand,
Mit dem du jedem gibst was ihm gehört,
Dein Gleichmut, der erträgt was zu ertragen
Der Edle bald, der Eitle selten lernt,
Die kluge Herrschaft über Zung und Lippe? –
Mein teurer Freund, fast ganz verkenn ich dich.

TASSO.

Und wenn das alles nun verloren wäre?
Wenn einen Freund, den du einst reich geglaubt,
Auf einmal du als einen Bettler fändest?
Wohl hast du recht, ich bin nicht mehr ich selbst
Und bin's doch noch so gut als wie ich's war.
Es scheint ein Rätsel, und doch ist es keins.
Der stille Mond, der dich bei Nacht erfreut,
Dein Auge, dein Gemüt mit seinem Schein
Unwiderstehlich lockt, er schwebt am Tage
Ein unbedeutend blasses Wölkchen hin.
Ich bin vom Glanz des Tages überschienen,
Ihr kennet mich, ich kenne mich nicht mehr.

LEONORE.

Was du mir sagst, mein Freund, versteh ich nicht
Wie du es sagst. Erkläre dich mit mir.
Hat die Beleidigung des schroffen Manns
Dich so gekränkt, daß du dich selbst und uns
So ganz verkennen magst? Vertraue mir.

TASSO.

Ich bin nicht der Beleidigte, du siehst
Mich ja bestraft, weil ich beleidigt habe.
Die Knoten vieler Worte löst das Schwert
Gar leicht und schnell, allein ich bin gefangen.
Du weißt wohl kaum – erschrick nicht, zarte Freundin –
Du triffst den Freund in einem Kerker an.
Mich züchtiget der Fürst wie einen Schüler.
Ich will mit ihm nicht rechten, kann es nicht.

LEONORE.

Du scheinest mehr, als billig ist, bewegt.

TASSO.

Hältst du mich für so schwach, für so ein Kind,
Daß solch ein Fall mich gleich zerrütten könne?
Das was geschehn ist, kränkt mich nicht so tief,
Allein das kränkt mich, was es mir bedeutet.
Laß meine Neider, meine Feinde nur
Gewähren! Frei und offen ist das Feld.

134

LEONORE.

Du hast gar manchen fälschlich im Verdacht,
Ich habe selbst mich überzeugen können.
Und auch Antonio feindet dich nicht an,
Wie du es wähnst. Der heutige Verdruß –

TASSO.

Den laß ich ganz bei Seite, nehme nur
Antonio wie er war und wie er bleibt.
Verdrießlich fiel mir stets die steife Klugheit,
Und daß er immer nur den Meister spielt.
Anstatt zu forschen, ob des Hörers Geist
Nicht schon für sich auf guten Spuren wandle,
Belehrt er dich von manchem, das du besser
Und tiefer fühltest, und vernimmt kein Wort,
Das du ihm sagst, und wird dich stets verkennen.
Verkannt zu sein, verkannt von einem Stolzen,
Der lächelnd dich zu übersehen glaubt!
Ich bin so alt noch nicht und nicht so klug,
Daß ich nur duldend gegenlächeln sollte.
Früh oder spat, es konnte sich nicht halten,
Wir mußten brechen; später war es nur
Um desto schlimmer worden. Einen Herrn
Erkenn ich nur, den Herrn der mich ernährt,
Dem folg ich gern, sonst will ich keinen Meister.
Frei will ich sein im Denken und im Dichten,
Im Handeln schränkt die Welt genug uns ein.

LEONORE.

Er spricht mit Achtung oft genug von dir.

TASSO.

Mit Schonung, willst du sagen, fein und klug.
Und das verdrießt mich eben; denn er weiß
So glatt und so bedingt zu sprechen, daß
Sein Lob erst recht zum Tadel wird und daß
Nichts mehr, nichts tiefer dich verletzt als Lob
Aus seinem Munde.

LEONORE.

Möchtest du, mein Freund,
Vernommen haben, wie er sonst von dir

135

Und dem Talente sprach, das dir vor vielen
Die gütige Natur verlieh. Er fühlt gewiß
Das was du bist und hast, und schätzt es auch.

TASSO.

O glaube mir, ein selbstisches Gemüt
Kann nicht der Qual des engen Neids entfliehen.
Ein solcher Mann verzeiht dem andern wohl
Vermögen, Stand und Ehre, denn er denkt,
Das hast du selbst, das hast du wenn du willst,
Wenn du beharrst, wenn dich das Glück begünstigt.
Doch das was die Natur allein verleiht,
Was jeglicher Bemühung, jedem Streben
Stets unerreichbar bleibt, was weder Gold
Noch Schwert, noch Klugheit, noch Beharrlichkeit
Erzwingen kann, das wird er nie verzeihn.
Er gönnt es mir? Er, der mit steifem Sinn
Die Gunst der Musen zu ertrotzen glaubt?
Der, wenn er die Gedanken mancher Dichter
Zusammenreiht, sich selbst ein Dichter scheint?
Weit eher gönnt er mir des Fürsten Gunst,
Die er doch gern auf *sich* beschränken möchte,
Als das Talent, das jene Himmlischen
Dem armen, dem verwaisten Jüngling gaben.

LEONORE.

O sähest du so klar, wie ich es sehe!
Du irrst dich über ihn, so ist er nicht.

TASSO.

Und irr ich mich an ihm, so irr ich gern!
Ich denk ihn mir als meinen ärgsten Feind,
Und wär untröstlich, wenn ich mir ihn nun
Gelinder denken müßte. Töricht ist's
In allen Stücken billig sein; es heißt
Sein eigen Selbst zerstören. Sind die Menschen
Denn gegen uns so billig? Nein, o nein!
Der Mensch bedarf in seinem engen Wesen
Der doppelten Empfindung, Lieb und Haß.
Bedarf er nicht der Nacht als wie des Tags?
Des Schlafens wie des Wachens? Nein, ich muß

Von nun an diesen Mann als Gegenstand
Von meinem tiefsten Haß behalten; nichts
Kann mir die Lust entreißen schlimm und schlimmer
Von ihm zu denken.

LEONORE.

Willst du, teurer Freund,
Von deinem Sinn nicht lassen, seh ich kaum,
Wie du am Hofe länger bleiben willst.
Du weißt, wie viel er gilt und gelten muß.

TASSO.

Wie sehr ich lang, o schöne Freundin, hier
Schon überflüssig bin, das weiß ich wohl.

LEONORE.

Das bist du nicht, das kannst du nimmer werden!
Du weißt vielmehr, wie gern der Fürst mit dir,
Wie gern die Fürstin mit dir lebt; und kommt
Die Schwester von Urbino, kommt sie fast
So sehr um deint- als der Geschwister willen.
Sie denken alle gut und gleich von dir,
Und jegliches vertraut dir unbedingt.

TASSO.

O Leonore, welch Vertraun ist das?
Hat er von seinem Staate je ein Wort,
Ein ernstes Wort mit mir gesprochen? Kam
Ein eigner Fall, worüber er sogar
In meiner Gegenwart mit seiner Schwester,
Mit andern sich beriet, mich fragt' er nie.
Da hieß es immer nur, Antonio kommt!
Man muß Antonio schreiben! fragt Antonio!

LEONORE.

Du klagst anstatt zu danken. Wenn er dich
In unbedingter Freiheit lassen mag,
So ehrt er dich, wie er dich ehren kann.

TASSO.

Er läßt mich ruhn, weil er mich unnütz glaubt.

LEONORE.

Du bist nicht unnütz, eben weil du ruhst.
So lange hegst du schon Verdruß und Sorge,

Wie ein geliebtes Kind, an deiner Brust.
Ich hab es oft bedacht und mag's bedenken
Wie ich es will, auf diesem schönen Boden,
Wohin das Glück dich zu verpflanzen schien,
Gedeihst du nicht. O Tasso! – rat ich dir's?
Sprech ich es aus? – Du solltest dich entfernen!
TASSO.

Verschone nicht den Kranken, lieber Arzt!
Reich ihm das Mittel, denke nicht daran,
Ob's bitter sei. – Ob er genesen könne,
Das überlege wohl, o kluge, gute Freundin!
Ich seh es alles selbst, es ist vorbei!
Ich kann ihm wohl verzeihen, er nicht mir;
Und sein bedarf man, leider! meiner nicht.
Und er ist klug, und leider! bin ich's nicht.
Er wirkt zu meinem Schaden, und ich kann,
Ich mag nicht gegenwirken. Meine Freunde
Sie lassen's gehn, sie sehen's anders an,
Sie widerstreben kaum und sollten kämpfen.
Du glaubst, ich soll hinweg, ich glaub es selbst –
So lebt denn wohl! ich werd auch das ertragen.
Ihr seid von mir geschieden – werd auch mir
Von euch zu scheiden, Kraft und Mut verliehn!
LEONORE.

Ach in der Ferne zeigt sich alles reiner,
Was in der Gegenwart uns nur verwirrt.
Vielleicht wirst du erkennen, welche Liebe
Dich überall umgab und welchen Wert
Die Treue wahrer Freunde hat, und wie
Die weite Welt die Nächsten nicht ersetzt.
TASSO.

Das werden wir erfahren! Kenn ich doch
Die Welt von Jugend auf, wie sie so leicht
Uns hülflos, einsam läßt, und ihren Weg
Wie Sonn und Mond und andre Götter geht.
LEONORE.

Vernimmst du mich, mein Freund, so sollst du nie
Die traurige Erfahrung wiederholen.

Soll ich dir raten, so begibst du dich
Erst nach Florenz, und eine Freundin wird
Gar freundlich für dich sorgen. Sei getrost,
Ich bin es selbst. Ich reise, den Gemahl
Die nächsten Tage dort zu finden, kann
Nichts freudiger für ihn und mich bereiten,
Als wenn ich dich in unsre Mitte bringe.
Ich sage dir kein Wort, du weißt es selbst,
Welch einem Fürsten du dich nahen wirst,
Und welche Männer diese schöne Stadt
In ihrem Busen hegt und welche Frauen.
Du schweigst? Bedenk es wohl! Entschließe dich.

TASSO.

Gar reizend ist was du mir sagst, so ganz
Dem Wunsch gemäß, den ich im stillen nähre;
Allein es ist zu neu: ich bitte dich,
Laß mich bedenken, ich beschließe bald.

LEONORE.

Ich gehe mit der schönsten Hoffnung weg
Für dich und uns und auch für dieses Haus.
Bedenke nur, und wenn du recht bedenkst,
So wirst du schwerlich etwas Bessers denken.

TASSO.

Noch eins, geliebte Freundin! sage mir
Wie ist die Fürstin gegen mich gesinnt?
War sie erzürnt auf mich? Was sagte sie? –
Sie hat mich sehr getadelt? Rede frei.

LEONORE.

Da sie dich kennt, hat sie dich leicht entschuldigt.

TASSO.

Hab ich bei ihr verloren? schmeichle nicht.

LEONORE.

Der Frauen Gunst wird nicht so leicht verscherzt.

TASSO.

Wird sie mich gern entlassen, wenn ich gehe?

LEONORE.

Wenn es zu deinem Wohl gereicht, gewiß.

TASSO.

Werd ich des Fürsten Gnade nicht verlieren?

LEONORE.

In seiner Großmut kannst du sicher ruhn.

TASSO.

Und lassen wir die Fürstin ganz allein?

Du gehst hinweg; und wenn ich wenig bin,

So weiß ich doch, daß ich ihr etwas war.

LEONORE.

Gar freundliche Gesellschaft leistet uns

Ein ferner Freund, wenn wir ihn glücklich wissen.

Und es gelingt, ich sehe dich beglückt,

Du wirst von hier nicht unzufrieden gehn.

Der Fürst befahl's, Antonio sucht dich auf.

Er tadelt selbst an sich die Bitterkeit,

Womit er dich verletzt. Ich bitte dich,

Nimm ihn gelassen auf, so wie er kommt.

TASSO.

Ich darf in jedem Sinne vor ihm stehn.

LEONORE.

Und schenke mir der Himmel, lieber Freund,

Noch eh du scheidest, dir das Aug zu öffnen:

Daß niemand dich im ganzen Vaterlande

Verfolgt und haßt und heimlich druckt und neckt.

Du irrst gewiß, und wie du sonst zur Freude

Von andern dichtest, leider dichtest du

In diesem Fall ein seltenes Gewebe,

Dich selbst zu kränken. Alles will ich tun,

Um es entzwei zu reißen, daß du frei

Den schönen Weg des Lebens wandeln mögest.

Leb wohl! Ich hoffe bald ein glücklich Wort.

Dritter Auftritt

TASSO *allein.*

Ich soll erkennen, daß mich niemand haßt,

Daß niemand mich verfolgt, daß alle List

Und alles heimliche Gewebe sich

Allein in meinem Kopfe spinnt und webt!
Bekennen soll ich daß ich unrecht habe,
Und manchem unrecht tue der es nicht
Um mich verdient! Und das in einer Stunde,
Da vor dem Angesicht der Sonne klar
Mein volles Recht, wie ihre Tücke, liegt.
Ich soll es tief empfinden, wie der Fürst
Mit offner Brust mir seine Gunst gewährt,
Mit reichem Maß die Gaben mir erteilt,
Im Augenblicke, da er schwach genug
Von meinen Feinden sich das Auge trüben
Und seine Hand gewiß auch fesseln läßt.

Daß er betrogen ist, kann er nicht sehen,
Daß sie Betrüger sind, kann ich nicht zeigen,
Und nur damit er ruhig sich betrüge,
Daß sie gemächlich ihn betrügen können,
Soll ich mich stille halten, weichen gar.

Und wer gibt mir den Rat? wer dringt so klug
Mit treuer lieber Meinung auf mich ein?
Lenore selbst, Lenore Sanvitale
Die zarte Freundin! Ha, dich kenn ich nun!
O warum traut ich ihrer Lippe je!
Sie war nicht redlich, wenn sie noch so sehr
Mir ihre Gunst, mir ihre Zärtlichkeit
Mit süßen Worten zeigte! Nein, sie war
Und bleibt ein listig Herz, sie wendet sich
Mit leisen klugen Tritten nach der Gunst. 140
Wie oft hab ich mich willig selbst betrogen,
Auch über sie, und doch im Grunde hat
Mich nur – die Eitelkeit betrogen. Wohl!
Ich kannte sie, und schmeichelte mir selbst.
So ist sie gegen andre, sagt ich mir,
Doch gegen dich ist's offne treue Meinung.
Nun seh ich's wohl und seh es nur zu spät:
Ich war begünstigt, und sie schmiegte sich
So zart – an den Beglückten. Nun ich falle,
Sie wendet mir den Rücken wie das Glück.

Nun kommt sie als ein Werkzeug meines Feindes,
Sie schleicht heran und zischt mit glatter Zunge,
Die kleine Schlange, zauberische Töne.
Wie lieblich schien sie! Lieblicher als je!
Wie wohl tat von der Lippe jedes Wort!
Doch konnte mir die Schmeichelei nicht lang
Den falschen Sinn verbergen; an der Stirne
Schien ihr das Gegenteil zu klar geschrieben
Von allem was sie sprach. Ich fühl es leicht,
Wenn man den Weg zu meinem Herzen sucht
Und es nicht herzlich meint. Ich soll hinweg?
Soll nach Florenz, sobald ich immer kann?

Und warum nach Florenz? Ich seh es wohl.
Dort herrscht der Mediceer neues Haus,
Zwar nicht in offner Feindschaft mit Ferrara,
Doch hält der stille Neid mit kalter Hand
Die edelsten Gemüter auseinander.
Empfang ich dort von jenen edlen Fürsten
Erhabne Zeichen ihrer Gunst, wie ich
Gewiß erwarten dürfte, würde bald
Der Höfling meine Treu und Dankbarkeit
Verdächtig machen. Leicht geläng es ihm.

Ja, ich will weg, allein nicht wie ihr wollt;
Ich will hinweg, und weiter als ihr denkt.

Was soll ich hier? Wer hält mich hier zurück?
O ich verstund ein jedes Wort zu gut,
Das ich Lenoren von den Lippen lockte!
Von Silb zu Silbe nur erhascht ich's kaum,
Und weiß nun ganz wie die Prinzessin denkt –
Ja, ja, auch das ist wahr, verzweifle nicht!
»Sie wird mich gern entlassen wenn ich gehe,
Da es zu meinem Wohl gereicht.« O! fühlte
Sie eine Leidenschaft im Herzen, die mein Wohl
Und mich zu Grunde richtete! Willkommner
Ergriffe mich der Tod als diese Hand,
Die kalt und starr mich von sich läßt. – Ich gehe! –

141

Nur hüte dich und laß dich keinen Schein
Von Freundschaft oder Güte täuschen! Niemand
Betrügt dich nun, wenn *du* dich nicht betrügst.

Vierter Auftritt

Antonio. Tasso.

ANTONIO.
Hier bin ich, Tasso, dir ein Wort zu sagen,
Wenn du mich ruhig hören magst und kannst.
TASSO.
Das Handeln, weißt du, bleibt mir untersagt,
Es ziemt mir wohl zu warten und zu hören.
ANTONIO.
Ich treffe dich gelassen, wie ich wünschte,
Und spreche gern zu dir aus freier Brust.
Zuvörderst lös ich in des Fürsten Namen
Das schwache Band, das dich zu fesseln schien.
TASSO.
Die Willkür macht mich frei, wie sie mich band;
Ich nehm es an und fordre kein Gericht.
ANTONIO.
Dann sag ich dir von mir: Ich habe dich
Mit Worten, scheint es, tief und mehr gekränkt,
Als ich, von mancher Leidenschaft bewegt,
Es selbst empfand. Allein kein schimpflich Wort
Ist meinen Lippen unbedacht entflohen;
Zu rächen hast du nichts als Edelmann,
Und wirst als Mensch Vergebung nicht versagen.
TASSO.
Was härter treffe, Kränkung oder Schimpf,
Will ich nicht untersuchen; jene dringt
Ins tiefe Mark, und dieser ritzt die Haut.
Der Pfeil des Schimpfs kehrt auf den Mann zurück,
Der zu verwunden glaubt, die Meinung andrer
Befriedigt leicht das wohlgeführte Schwert –
Doch ein gekränktes Herz erholt sich schwer.

ANTONIO.

    Jetzt ist's an mir, daß ich dir dringend sage:
    Tritt nicht zurück, erfülle meinen Wunsch,
    Den Wunsch des Fürsten, der mich zu dir sendet.

TASSO.

    Ich kenne meine Pflicht und gebe nach.
    Es sei verziehn, sofern es möglich ist!
    Die Dichter sagen uns von einem Speer,
    Der eine Wunde, die er selbst geschlagen,
    Durch freundliche Berührung heilen konnte.
    Es hat des Menschen Zunge diese Kraft,
    Ich will ihr nicht gehässig widerstehn.

ANTONIO.

    Ich danke dir, und wünsche, daß du mich
    Und meinen Willen dir zu dienen gleich
    Vertraulich prüfen mögest. Sage mir,
    Kann ich dir nützlich sein? ich zeig es gern.

TASSO.

    Du bietest an was ich nur wünschen konnte.
    Du brachtest mir die Freiheit wieder, nun
    Verschaffe mir, ich bitte, den Gebrauch.

ANTONIO.

    Was kannst du meinen? Sag es deutlich an.

TASSO.

    Du weißt, geendet hab ich mein Gedicht,
    Es fehlt noch viel, daß es vollendet wäre.
    Heut überreicht ich es dem Fürsten, hoffte
    Zugleich ihm eine Bitte vorzutragen.
    Gar viele meiner Freunde find ich jetzt
    In Rom versammelt, einzeln haben sie
    Mir über manche Stellen ihre Meinung
    In Briefen schon eröffnet. Vieles hab ich
    Benutzen können, manches scheint mir noch
    Zu überlegen; und verschiedne Stellen
    Möcht ich nicht gern verändern, wenn man mich
    Nicht mehr, als es geschehn ist, überzeugt.
    Das alles wird durch Briefe nicht getan;
    Die Gegenwart löst diese Knoten bald.

So dacht ich heut den Fürsten selbst zu bitten:
Ich fand nicht Raum; nun darf ich es nicht wagen,
Und hoffe diesen Urlaub nun durch dich.

ANTONIO.

Mir scheint nicht rätlich, daß du dich entfernst
In dem Moment, da dein vollendet Werk
Dem Fürsten und der Fürstin dich empfiehlt.
Ein Tag der Gunst ist wie ein Tag der Ernte,
Man muß geschäftig sein sobald sie reift.
Entfernst du dich, so wirst du nichts gewinnen,
Vielleicht verlieren was du schon gewannst.
Die Gegenwart ist eine mächtge Göttin;
Lern ihren Einfluß kennen, bleibe hier!

TASSO.

Zu fürchten hab ich nichts; Alfons ist edel,
Stets hat er gegen mich sich groß gezeigt:
Und was ich hoffe, will ich seinem Herzen
Allein verdanken, keine Gnade mir
Erschleichen; nichts will ich von ihm empfangen
Was ihn gereuen könnte daß er's gab.

ANTONIO.

So fordre nicht von ihm, daß er dich jetzt
Entlassen soll; er wird es ungern tun,
Und ich befürchte fast, er tut es nicht.

TASSO.

Er wird es gern, wenn recht gebeten wird,
Und du vermagst es wohl sobald du willst.

ANTONIO.

Doch welche Gründe, sag mir, leg ich vor?

TASSO.

Laß mein Gedicht aus jeder Stanze sprechen!
Was ich gewollt ist löblich, wenn das Ziel
Auch meinen Kräften unerreichbar blieb.
An Fleiß und Mühe hat es nicht gefehlt.
Der heitre Wandel mancher schönen Tage,
Der stille Raum so mancher tiefen Nächte
War einzig diesem frommen Lied geweiht.
Bescheiden hofft ich, jenen großen Meistern

Der Vorwelt mich zu nahen; kühn gesinnt
Zu edlen Taten unsern Zeitgenossen
Aus einem langen Schlaf zu rufen, dann
Vielleicht mit einem edlen Christenheere
Gefahr und Ruhm des heilgen Kriegs zu teilen.
Und soll mein Lied die besten Männer wecken,
So muß es auch der besten würdig sein.
Alfonsen bin ich schuldig was ich tat,
Nun möcht ich ihm auch die Vollendung danken.

ANTONIO.

Und eben dieser Fürst ist hier, mit andern
Die dich so gut als Römer leiten können.
Vollende hier dein Werk, hier ist der Platz,
Und um zu wirken eile dann nach Rom.

TASSO.

Alfons hat mich zuerst begeistert, wird
Gewiß der letzte sein der mich belehrt.
Und deinen Rat, den Rat der klugen Männer,
Die unser Hof versammelt, schätz ich hoch.
Ihr sollt entscheiden, wenn mich ja zu Rom
Die Freunde nicht vollkommen überzeugen.
Doch diese muß ich sehn. Gonzaga hat
Mir ein Gericht versammelt, dem ich erst
Mich stellen muß. Ich kann es kaum erwarten.
Flaminio de' Nobili, Angelio
Da Barga, Antoniano und Speron Speroni!
Du wirst sie kennen – Welche Namen sind's!
Vertraun und Sorge flößen sie zugleich
In meinen Geist, der gern sich unterwirft.

ANTONIO.

Du denkst nur dich und denkst den Fürsten nicht.
Ich sage dir, er wird dich nicht entlassen;
Und wenn er's tut, entläßt er dich nicht gern.
Du willst ja nicht verlangen was er dir
Nicht gern gewähren mag. Und soll ich hier
Vermitteln was ich selbst nicht loben kann?

TASSO.

Versagst du mir den ersten Dienst, wenn ich

Die angebotne Freundschaft prüfen will?
ANTONIO.

Die wahre Freundschaft zeigt sich im Versagen
Zur rechten Zeit, und es gewährt die Liebe
Gar oft ein schädlich Gut, wenn sie den Willen
Des Fordernden mehr als sein Glück bedenkt.
Du scheinest mir in diesem Augenblick
Für gut zu halten was du eifrig wünschest,
Und willst im Augenblick was du begehrst.
Durch Heftigkeit ersetzt der Irrende
Was ihm an Wahrheit und an Kräften fehlt.
Es fordert meine Pflicht, so viel ich kann
Die Hast zu mäßgen, die dich übel treibt.
TASSO.

Schon lange kenn ich diese Tyrannei
Der Freundschaft, die von allen Tyranneien
Die unerträglichste mir scheint. Du denkst
Nur anders, und du glaubst deswegen
Schon recht zu denken. Gern erkenn ich an,
Du willst mein Wohl, allein verlange nicht,
Daß ich auf deinem Weg es finden soll.
ANTONIO.

Und soll ich dir sogleich mit kaltem Blut,
Mit voller klarer Überzeugung schaden?
TASSO.

Von dieser Sorge will ich dich befrein!
Du hältst mich nicht mit diesen Worten ab.
Du hast mich frei erklärt, und diese Türe
Steht mir nun offen, die zum Fürsten führt.
Ich lasse dir die Wahl. Du oder ich!
Der Fürst geht fort. Hier ist kein Augenblick
Zu harren. Wähle schnell! Wenn du nicht gehst,
So geh ich selbst, und werd es wie es will.
ANTONIO.

Laß mich nur wenig Zeit von dir erlangen,
Und warte nur des Fürsten Rückkehr ab!
Nur heute nicht!

TASSO.

    Nein, diese Stunde noch,
Wenn's möglich ist! Es brennen mir die Sohlen
Auf diesem Marmorboden, eher kann
Mein Geist nicht Ruhe finden, bis der Staub
Des freien Wegs mich Eilenden umgibt.
Ich bitte dich! Du siehst, wie ungeschickt
In diesem Augenblick ich sei mit meinem Herrn
Zu reden; siehst – wie kann ich das verbergen –
Daß ich mir selbst in diesem Augenblick,
Mir keine Macht der Welt gebieten kann.
Nur Fesseln sind es, die mich halten können!
Alfons ist kein Tyrann, er sprach mich frei.
Wie gern gehorcht ich seinen Worten sonst!
Heut kann ich nicht gehorchen. Heute nur
Laßt mich in Freiheit, daß mein Geist sich finde!
Ich kehre bald zu meiner Pflicht zurück.

ANTONIO.

    Du machst mich zweifelhaft. Was soll ich tun?
Ich merke wohl, es steckt der Irrtum an.

TASSO.

    Soll ich dir glauben, denkst du gut für mich,
So wirke was ich wünsche, was du kannst.
Der Fürst entläßt mich dann und ich verliere
Nicht seine Gnade, seine Hülfe nicht.
Das dank ich dir und will dir's gern verdanken;
Doch hegst du einen alten Groll im Busen,
Willst du von diesem Hofe mich verbannen,
Willst du auf ewig mein Geschick verkehren,
Mich hülflos in die weite Welt vertreiben,
So bleib auf deinem Sinn und widersteh!

ANTONIO.

    Weil ich dir doch, o Tasso, schaden soll,
So wähl ich denn den Weg den du erwählst.
Der Ausgang mag entscheiden wer sich irrt!
Du willst hinweg! Ich sag es dir zuvor,
Du wendest diesem Hause kaum den Rücken,
So wird dein Herz zurück verlangen, wird

Dein Eigensinn dich vorwärts treiben: Schmerz,
Verwirrung, Trübsinn harrt in Rom auf dich,
Und du verfehlest hier und dort den Zweck.
Doch sag ich dies nicht mehr, um dir zu raten,
Ich sage nur voraus was bald geschieht,
Und lade dich auch schon im voraus ein,
Mir in dem schlimmsten Falle zu vertraun.
Ich spreche nun den Fürsten wie du's forderst.

Fünfter Auftritt

TASSO *allein.*

Ja gehe nur und gehe sicher weg,
Daß du mich überredest was du willst.
Ich lerne mich verstellen, denn du bist
Ein großer Meister und ich fasse leicht.
So zwingt das Leben uns zu scheinen, ja
Zu sein wie jene die wir kühn und stolz
Verachten konnten. Deutlich seh ich nun
Die ganze Kunst des höfischen Gewebes!
Mich will Antonio von hinnen treiben,
Und will nicht scheinen daß er mich vertreibt.
Er spielt den Schonenden, den Klugen, daß
Man nur recht krank und ungeschickt mich finde,
Bestellet sich zum Vormund, daß er mich
Zum Kind erniedrige, den er zum Knecht
Nicht zwingen konnte. So umnebelt er
Die Stirn des Fürsten und der Fürstin Blick.

Man soll mich halten, meint er, habe doch
Ein schön Verdienst mir die Natur geschenkt,
Doch leider habe sie mit manchen Schwächen
Die hohe Gabe wieder schlimm begleitet,
Mit ungebundnem Stolz, mit übertriebner
Empfindlichkeit und eignem düstern Sinn.
Es sei nicht anders, einmal habe nun
Den *einen* Mann das Schicksal so gebildet,
Nun müsse man ihn nehmen wie er sei,
Ihn dulden, tragen und vielleicht an ihm

Was Freude bringen kann am guten Tage
Als unerwarteten Gewinst genießen,
Im übrigen, wie er geboren sei,
So müsse man ihn leben, sterben lassen.

Erkenn ich noch Alfonsens festen Sinn?
Der Feinden trotzt und Freunde treulich schützt,
Erkenn ich ihn, wie er nun mir begegnet?
Ja wohl erkenn ich ganz mein Unglück nun!
Das ist mein Schicksal, daß nur gegen mich
Sich jeglicher verändert, der für andre fest
Und treu und sicher bleibt, sich leicht verändert
Durch einen Hauch, in einem Augenblick.

Hat nicht die Ankunft dieses Manns allein
Mein ganz Geschick zerstört, in *einer* Stunde?
Nicht dieser das Gebäude meines Glücks
Von seinem tiefsten Grund aus umgestürzt?
O muß ich das erfahren? Muß ich's heut?
Ja, wie sich alles zu mir drängte, läßt
Mich alles nun; wie jeder mich an sich
Zu reißen strebte, jeder mich zu fassen,
So stößt mich alles weg und meidet mich.
Und das warum? Und wiegt denn er allein
Die Schale meines Werts und aller Liebe,
Die ich so reichlich sonst besessen, auf?

Ja alles flieht mich nun. Auch du! Auch du!
Geliebte Fürstin, du entziehst dich mir.
In diesen trüben Stunden hat sie mir
Kein einzig Zeichen ihrer Gunst gesandt.
Hab ich's um sie verdient? – Du armes Herz
Dem so natürlich war sie zu verehren! –
Vernahm ich ihre Stimme, wie durchdrang
Ein unaussprechliches Gefühl die Brust!
Erblickt ich sie, da ward das helle Licht
Des Tags mir trüb; unwiderstehlich zog
Ihr Auge mich, ihr Mund mich an, mein Knie
Erhielt sich kaum, und aller Kraft

Des Geists bedurft ich, aufrecht mich zu halten,
Vor ihre Füße nicht zu fallen, kaum
Vermocht ich diesen Taumel zu zerstreun.
Hier halte fest mein Herz! Du klarer Sinn
Laß hier dich nicht umnebeln! Ja, auch sie!
Darf ich es sagen und ich glaub es kaum,
Ich glaub es wohl und möcht es mir verschweigen.
Auch sie! auch sie! Entschuldige sie ganz,
Allein verbirg dir's nicht: auch sie! auch sie!

O dieses Wort, an dem ich zweifeln sollte
So lang ein Hauch von Glauben in mir lebt,
Ja dieses Wort, es gräbt sich wie ein Schluß
Des Schicksals noch zuletzt am ehrnen Rande
Der vollgeschriebnen Qualentafel ein.
Nun sind erst meine Feinde stark, nun bin ich
Auf ewig einer jeden Kraft beraubt.
Wie soll ich streiten, wenn sie gegenüber
Im Heere steht? Wie soll ich duldend harren,
Wenn sie die Hand mir nicht von ferne reicht,
Wenn nicht ihr Blick dem Flehenden begegnet?
Du hast's gewagt zu denken, hast's gesprochen,
Und es ist wahr eh du es fürchten konntest!
Und eh nun die Verzweiflung deine Sinnen
Mit ehrnen Klauen auseinander reißt,
Ja klage nur das bittre Schicksal an,
Und wiederhole nur, auch sie! auch sie!   149

Fünfter Aufzug

Erster Auftritt

Garten.
Alfons. Antonio.

ANTONIO.

    Auf deinen Wink ging ich das zweitemal
    Zu Tasso hin, ich komme von ihm her.
    Ich hab ihm zugeredet, ja gedrungen,
    Allein er geht von seinem Sinn nicht ab,
    Und bittet sehnlich daß du ihn nach Rom
    Auf eine kurze Zeit entlassen mögest.

ALFONS.

    Ich bin verdrießlich, daß ich dir's gestehe,
    Und lieber sag ich dir, daß ich es bin,
    Als daß ich den Verdruß verberg und mehre.
    Er will verreisen; gut, ich halt ihn nicht,
    Er will hinweg, er will nach Rom, es sei!
    Nur daß mir Scipio Gonzaga nicht,
    Der kluge Medicis ihn nicht entwende!
    Das hat Italien so groß gemacht,
    Daß jeder Nachbar mit dem andern streitet,
    Die Bessern zu besitzen, zu benutzen.
    Ein Feldherr ohne Heer scheint mir ein Fürst,
    Der die Talente nicht um sich versammelt.
    Und wer der Dichtkunst Stimme nicht vernimmt,
    Ist ein Barbar, er sei auch wer er sei.
    Gefunden hab ich diesen und gewählt,
    Ich bin auf ihn als meinen Diener stolz,
    Und da ich schon für ihn so viel getan,
    So möcht ich ihn nicht ohne Not verlieren.

ANTONIO.

    Ich bin verlegen, denn ich trage doch
    Vor dir die Schuld von dem was heut geschah;
    Auch will ich meinen Fehler gern gestehn,

Er bleibet deiner Gnade zu verzeihn;
Doch wenn du glauben könntest, daß ich nicht
Das Mögliche getan ihn zu versöhnen,
So würd ich ganz untröstlich sein. O! sprich
Mit holdem Blick mich an, damit ich wieder
Mich fassen kann, mir selbst vertrauen mag.

ALFONS.

Antonio nein, da sei nur immer ruhig,
Ich schreib es dir auf keine Weise zu;
Ich kenne nur zu gut den Sinn des Mannes,
Und weiß nur allzuwohl was ich getan,
Wie sehr ich ihn geschont, wie sehr ich ganz
Vergessen, daß ich eigentlich an ihn
Zu fordern hätte. Über vieles kann
Der Mensch zum Herrn sich machen, seinen Sinn
Bezwinget kaum die Not und lange Zeit.

ANTONIO.

Wenn andre vieles um den *einen* tun,
So ist's auch billig, daß der eine wieder
Sich fleißig frage was den andern nützt.
Wer seinen Geist so viel gebildet hat,
Wer jede Wissenschaft zusammen geizt
Und jede Kenntnis die uns zu ergreifen
Erlaubt ist, sollte der, sich zu beherrschen,
Nicht doppelt schuldig sein? Und denkt er dran?

ALFONS.

Wir sollen eben nicht in Ruhe bleiben!
Gleich wird uns, wenn wir zu genießen denken,
Zur Übung unsrer Tapferkeit ein Feind,
Zur Übung der Geduld ein Freund gegeben.

ANTONIO.

Die erste Pflicht des Menschen, Speis und Trank
Zu wählen, da ihn die Natur so eng
Nicht wie das Tier beschränkt, erfüllt er die?
Und läßt er nicht vielmehr sich wie ein Kind
Von allem reizen was dem Gaumen schmeichelt?
Wann mischt er Wasser unter seinen Wein?
Gewürze, süße Sachen, stark Getränke,

Eins um das andre schlingt er hastig ein,
Und dann beklagt er seinen trüben Sinn,
Sein feurig Blut, sein allzuheftig Wesen,
Er schilt auf die Natur und das Geschick.
Wie bitter und wie töricht hab ich ihn
Nicht oft mit seinem Arzte rechten sehn;
Zum Lachen fast, wär irgend lächerlich
Was einen Menschen quält und andre plagt.

»Ich fühle dieses Übel«, sagt er bänglich
Und voll Verdruß! »Was rühmt Ihr Eure Kunst?
Schafft mir Genesung!« – Gut, versetzt der Arzt,
So meidet das und das – »Das kann ich nicht« –
So nehmet diesen Trank – »O nein! der schmeckt
Abscheulich, er empört mir die Natur«
So trinkt denn Wasser – »Wasser? nimmermehr!
Ich bin so wasserscheu als ein Gebißner« –
So ist Euch nicht zu helfen – »Und warum?« –
Das Übel wird sich stets mit Übeln häufen,
Und, wenn es Euch nicht töten kann, nur mehr
Und mehr mit jedem Tag Euch quälen – »Schön!
Wofür seid Ihr ein Arzt? Ihr kennt mein Übel,
Ihr solltet auch die Mittel kennen, sie
Auch schmackhaft machen, daß ich nicht noch erst,
Der Leiden los zu sein, recht leiden müsse.«
Du lächelst selbst und doch ist es gewiß,
Du hast es wohl aus seinem Mund gehört?
ALFONS.
Ich hab es oft gehört und oft entschuldigt.
ANTONIO.
Es ist gewiß, ein ungemäßigt Leben,
Wie es uns schwere wilde Träume gibt,
Macht uns zuletzt am hellen Tage träumen.
Was ist sein Argwohn anders als ein Traum?
Wohin er tritt, glaubt er von Feinden sich
Umgeben. Sein Talent kann niemand sehn
Der ihn nicht neidet, niemand ihn beneiden
Der ihn nicht haßt und bitter ihn verfolgt.
So hat er oft mit Klagen dich belästigt:

Erbrochne Schlösser, aufgefangne Briefe,
Und Gift und Dolch! Was alles vor ihm schwebt!
Du hast es untersuchen lassen, untersucht,
Und hast du was gefunden? Kaum den Schein.
Der Schutz von keinem Fürsten macht ihn sicher,
Der Busen keines Freundes kann ihn laben.
Und willst du einem solchen Ruh und Glück,
Willst du von ihm wohl Freude *dir* versprechen?

ALFONS.

Du hättest recht, Antonio, wenn in ihm
Ich meinen nächsten Vorteil suchen wollte!
Zwar ist es schon mein Vorteil, daß ich nicht
Den Nutzen grad und unbedingt erwarte.
Nicht alles dienet uns auf gleiche Weise;
Wer vieles brauchen will, gebrauche jedes
In seiner Art, so ist er wohl bedient.
Das haben uns die Medicis gelehrt,
Das haben uns die Päpste selbst gewiesen.
Mit welcher Nachsicht, welcher fürstlichen
Geduld und Langmut trugen diese Männer
Manch groß Talent, das ihrer reichen Gnade
Nicht zu bedürfen schien und doch bedurfte!

ANTONIO.

Wer weiß es nicht, mein Fürst, des Lebens Mühe
Lehrt uns allein des Lebens Güter schätzen.
So jung hat er zu vieles schon erreicht
Als daß genügsam er genießen könnte.
O sollt er erst erwerben was ihm nun
Mit offnen Händen angeboten wird,
Er strengte seine Kräfte männlich an
Und fühlte sich von Schritt zu Schritt begnügt.
Ein armer Edelmann hat schon das Ziel
Von seinem besten Wunsch erreicht, wenn ihn
Ein edler Fürst zu seinem Hofgenossen
Erwählen will und ihn der Dürftigkeit
Mit milder Hand entzieht. Schenkt er ihm noch
Vertraun und Gunst, und will an seine Seite
Vor andern ihn erheben, sei's im Krieg,

Sei's in Geschäften oder im Gespräch:
So dächt ich, könnte der bescheidne Mann
Sein Glück mit stiller Dankbarkeit verehren.
Und Tasso hat zu allem diesem noch
Das schönste Glück des Jünglings: daß ihn schon
Sein Vaterland erkennt und auf ihn hofft.
O glaube mir, sein launisch Mißbehagen
Ruht auf dem breiten Polster seines Glücks.
Er kommt, entlaß ihn gnädig, gib ihm Zeit
In Rom und in Neapel, wo er will,
Das aufzusuchen was er hier vermißt
Und was er hier nur wiederfinden kann.

ALFONS.
Will er zurück erst nach Ferrara gehn?

ANTONIO.
153   Er wünscht in Belriguardo zu verweilen.
Das Nötigste was er zur Reise braucht,
Will er durch einen Freund sich senden lassen.

ALFONS.
Ich bin's zufrieden. Meine Schwester geht
Mit ihrer Freundin gleich zurück, und reitend
Werd ich vor ihnen noch zu Hause sein.
Du folgst uns bald, wenn du für ihn gesorgt.
Dem Kastellan befiehl das Nötige,
Daß er hier auf dem Schlosse bleiben kann
So lang er will, so lang bis seine Freunde
Ihm das Gepäck gesendet, bis wir ihm
Die Briefe schicken die ich ihm nach Rom
Zu geben willens bin. Er kommt! Leb wohl!

Zweiter Auftritt

Alfons. Tasso.

TASSO *mit Zurückhaltung.*
Die Gnade, die du mir so oft bewiesen,
Erscheinet heute mir in vollem Licht.
Du hast verziehen, was in deiner Nähe
Ich unbedacht und frevelhaft beging,

Du hast den Widersacher mir versöhnt,
Du willst erlauben daß ich eine Zeit
Von deiner Seite mich entferne, willst
Mir deine Gunst großmütig vorbehalten.
Ich scheide nun mit völligem Vertraun
Und hoffe still, mich soll die kleine Frist
Von allem heilen was mich jetzt beklemmt.
Es soll mein Geist aufs neue sich erheben,
Und auf dem Wege, den ich froh und kühn,
Durch deinen Blick ermuntert, erst betrat,
Sich deiner Gunst aufs neue würdig machen.

ALFONS.

Ich wünsche dir zu deiner Reise Glück
Und hoffe, daß du froh und ganz geheilt
Uns wieder kommen wirst. Du bringst uns dann
Den doppelten Gewinst für jede Stunde
Die du uns nun entziehst, vergnügt zurück.
Ich gebe Briefe dir an meine Leute,
An Freunde dir nach Rom, und wünsche sehr
Daß du dich zu den Meinen überall
Zutraulich halten mögest, wie ich dich
Als *mein*, obgleich entfernt, gewiß betrachte.

154

TASSO.

Du überhäufst, o Fürst, mit Gnade den
Der sich unwürdig fühlt, und selbst zu danken
In diesem Augenblicke nicht vermag.
Anstatt des Danks eröffn ich eine Bitte!
Am meisten liegt mir mein Gedicht am Herzen.
Ich habe viel getan und keine Mühe
Und keinen Fleiß gespart, allein es bleibt
Zu viel mir noch zurück. Ich möchte dort
Wo noch der Geist der großen Männer schwebt
Und wirksam schwebt, dort möcht ich in die Schule
Aufs neue mich begeben; würdiger
Erfreute deines Beifalls sich mein Lied,
O gib die Blätter mir zurück, die ich
Jetzt nur beschämt in deinen Händen weiß.

ALFONS.

Du wirst mir nicht an diesem Tage nehmen
Was du mir kaum an diesem Tag gebracht.
Laß zwischen dich und zwischen dein Gedicht
Mich als Vermittler treten; hüte dich
Durch strengen Fleiß die liebliche Natur
Zu kränken, die in deinen Reimen lebt,
Und höre nicht auf Rat von allen Seiten!
Die tausendfältigen Gedanken vieler
Verschiedner Menschen, die im Leben sich
Und in der Meinung widersprechen, faßt
Der Dichter klug in eins, und scheut sich nicht
Gar manchem zu mißfallen, daß er manchem
Um desto mehr gefallen möge. Doch
Ich sage nicht, daß du nicht hie und da
Bescheiden deine Feile brauchen solltest;
Verspreche dir zugleich, in kurzer Zeit
Erhältst du abgeschrieben dein Gedicht.
Es bleibt von deiner Hand in meinen Händen,
Damit ich seiner erst mit meinen Schwestern
Mich recht erfreuen möge. Bringst du es
Vollkommner dann zurück, wir werden uns
Des höheren Genusses freun, und dich
Bei mancher Stelle nur als Freunde warnen.

TASSO.

Ich wiederhole nur beschämt die Bitte:
Laß mich die Abschrift eilig haben, ganz
Ruht mein Gemüt auf diesem Werke nun.
Nun muß es werden was es werden kann.

ALFONS.

Ich billige den Trieb der dich beseelt!
Doch, guter Tasso, wenn es möglich wäre,
So solltest du erst eine kurze Zeit
Der freien Welt genießen, dich zerstreuen,
Dein Blut durch eine Kur verbessern. Dir
Gewährte dann die schöne Harmonie
Der hergestellten Sinne was du nun
Im trüben Eifer nur vergebens suchst.

TASSO.

Mein Fürst, so scheint es; doch, ich bin gesund
Wenn ich mich meinem Fleiß ergeben kann,
Und so macht wieder mich der Fleiß gesund.
Du hast mich lang gesehn, mir ist nicht wohl
In freier Üppigkeit. Mir läßt die Ruh
Am mindsten Ruhe. Dies Gemüt ist nicht
Von der Natur bestimmt, ich fühl es leider,
Auf weichem Element der Tage froh
Ins weite Meer der Zeiten hinzuschwimmen.

ALFONS.

Dich führet alles was du sinnst und treibst
Tief in dich selbst. Es liegt um uns herum
Gar mancher Abgrund den das Schicksal grub;
Doch hier in unserm Herzen ist der tiefste,
Und reizend ist es sich hinabzustürzen.
Ich bitte dich, entreiße dich dir selbst!
Der Mensch gewinnt was der Poet verliert.

TASSO.

Ich halte diesen Drang vergebens auf
Der Tag und Nacht in meinem Busen wechselt.
Wenn ich nicht sinnen oder dichten soll,
So ist das Leben mir kein Leben mehr.
Verbiete du dem Seidenwurm zu spinnen,
Wenn er sich schon dem Tode näher spinnt.
Das köstliche Geweb entwickelt er
Aus seinem Innersten und läßt nicht ab
Bis er in seinen Sarg sich eingeschlossen.
O geb ein guter Gott uns auch dereinst
Das Schicksal des beneidenswerten Wurms,
Im neuen Sonnental die Flügel rasch
Und freudig zu entfalten.

ALFONS.

Höre mich!
Du gibst so vielen doppelten Genuß
Des Lebens, lern, ich bitte dich,
Den Wert des Lebens kennen, das du noch
Und zehnfach reich besitzest. Lebe wohl!

156

Je eher du zu uns zurücke kehrst,
Je schöner wirst du uns willkommen sein.

Dritter Auftritt

TASSO.
So halte fest, mein Herz, so war es recht!
Es wird dir schwer, es ist das erstemal
Daß du dich so verstellen magst und kannst.
Du hörtest wohl, das war nicht sein Gemüt,
Das waren seine Worte nicht, mir schien
Als klänge nur Antonios Stimme wieder,
O gib nur acht! du wirst sie nun so fort
Von allen Seiten hören. Fest, nur fest!
Um einen Augenblick ist's noch zu tun.
Wer spät im Leben sich verstellen lernt,
Der hat den Schein der Ehrlichkeit voraus.
Es wird schon gehn, nur übe dich mit ihnen.

Nach einer Pause.

Du triumphierst zu früh, dort kommt sie her!
Die holde Fürstin kommt! O welch Gefühl!
Sie tritt herein, es löst in meinem Busen
Verdruß und Argwohn sich in Schmerzen auf.

Vierter Auftritt

Prinzessin. Tasso. Gegen das Ende des Auftritts die übrigen.

PRINZESSIN.
Du denkst uns zu verlassen, oder bleibst
Vielmehr in Belriguardo noch zurück,
Und willst dich dann von uns entfernen, Tasso,
Ich hoffe, nur auf eine kurze Zeit.
Du gehst nach Rom?
TASSO.
Ich richte meinen Weg
Zuerst dahin, und nehmen meine Freunde
Mich gütig auf, wie ich es hoffen darf,

So leg ich da mit Sorgfalt und Geduld
Vielleicht die letzte Hand an mein Gedicht.
Ich finde viele Männer dort versammelt,
Die Meister aller Art sich nennen dürfen.
Und spricht in jener ersten Stadt der Welt
Nicht jeder Platz, nicht jeder Stein zu uns?
Wie viele tausend stumme Lehrer winken
In ernster Majestät uns freundlich an!
Vollend ich da nicht mein Gedicht, so kann
Ich's nie vollenden. Leider, ach, schon fühl ich,
Mir wird zu keinem Unternehmen Glück!
Verändern werd ich es, vollenden nie.
Ich fühl, ich fühl es wohl, die große Kunst
Die jeden nährt, die den gesunden Geist
Stärkt und erquickt, wird mich zu Grunde richten,
Vertreiben wird sie mich. Ich eile fort!
Nach Napel will ich bald!

PRINZESSIN.

Darfst du es wagen?
Noch ist der strenge Bann nicht aufgehoben,
Der dich zugleich mit deinem Vater traf.

TASSO.

Du warnest recht, ich hab es schon bedacht.
Verkleidet geh ich hin, den armen Rock
Des Pilgers oder Schäfers zieh ich an.
Ich schleiche durch die Stadt wo die Bewegung
Der Tausende den einen leicht verbirgt.
Ich eile nach dem Ufer, finde dort
Gleich einen Kahn mit willig guten Leuten,
Mit Bauern die zum Markte kamen, nun
Nach Hause kehren, Leute von Sorrent;
Denn ich muß nach Sorrent hinüber eilen.
Dort wohnet meine Schwester, die mit mir
Die Schmerzensfreude meiner Eltern war.
Im Schiffe bin ich still, und trete dann
Auch schweigend an das Land, ich gehe sacht
Den Pfad hinauf und an dem Tore frag ich:
Wo wohnt Cornelia? Zeigt mir es an!

Cornelia Sersale? Freundlich deutet
Mir eine Spinnerin die Straße, sie
Bezeichnet mir das Haus. So steig ich weiter.
Die Kinder laufen nebenher und schauen
Das wilde Haar, den düstern Fremdling an.
So komm ich an die Schwelle. Offen steht
Die Türe schon, so tret ich in das Haus –
PRINZESSIN.
Blick auf, o Tasso, wenn es möglich ist,
Erkenne die Gefahr in der du schwebst!
Ich schone dich, denn sonst würd ich dir sagen:
Ist's edel so zu reden, wie du sprichst?
Ist's edel nur allein an sich zu denken,
Als kränktest du der Freunde Herzen nicht?
Ist's dir verborgen wie mein Bruder denkt?
Wie beide Schwestern dich zu schätzen wissen?
Hast du es nicht empfunden und erkannt?
Ist alles denn in wenig Augenblicken
Verändert? Tasso! Wenn du scheiden willst,
So laß uns Schmerz und Sorge nicht zurück.
TASSO *wendet sich weg.*
PRINZESSIN.
Wie tröstlich ist es einem Freunde, der
Auf eine kurze Zeit verreisen will,
Ein klein Geschenk zu geben, sei es nur
Ein neuer Mantel, oder eine Waffe.
Dir kann man nichts mehr geben, denn du wirfst
Unwillig alles weg was du besitzest.
Die Pilgermuschel und den schwarzen Kittel,
Den langen Stab erwählst du dir, und gehst
Freiwillig arm dahin, und nimmst uns weg
Was du mit uns allein genießen konntest.
TASSO.
So willst du mich nicht ganz und gar verstoßen!
O süßes Wort, o schöner teurer Trost,
Vertritt mich! Nimm in deinen Schutz mich auf! –
Laß mich in Belriguardo hier, versetze
Mich nach Consandoli, wohin du willst!

Es hat der Fürst so manches schöne Schloß,
So manchen Garten, der das ganze Jahr
Gewartet wird, und ihr betretet kaum
Ihn *einen* Tag, vielleicht nur *eine* Stunde.
Ja wählet den entferntsten aus, den ihr
In ganzen Jahren nicht besuchen geht,
Und der vielleicht jetzt ohne Sorge liegt,
Dort schickt mich hin! Dort laßt mich euer sein!
Wie will ich deine Bäume pflegen! die Zitronen
Im Herbst mit Brettern und mit Ziegeln decken
Und mit verbundnem Rohre wohl verwahren!
Es sollen schöne Blumen in den Beeten
Die breiten Wurzeln schlagen, rein und zierlich
Soll jeder Gang und jedes Fleckchen sein.
Und laßt mir auch die Sorge des Palastes!
Ich will zur rechten Zeit die Fenster öffnen,
Daß Feuchtigkeit nicht den Gemälden schade;
Die schön mit Stukkatur verzierten Wände
Will ich mit einem leichten Wedel säubern,
Es soll das Estrich blank und reinlich glänzen,
Es soll kein Stein, kein Ziegel sich verrücken,
Es soll kein Gras aus einer Ritze keimen!

PRINZESSIN.

Ich finde keinen Rat in meinem Busen
Und finde keinen Trost für dich und – uns.
Mein Auge blickt umher ob nicht ein Gott
Uns Hülfe reichen möchte? Möchte mir
Ein heilsam Kraut entdecken, einen Trank
Der deinem Sinne Frieden brächte, Frieden uns.
Das treuste Wort, das von der Lippe fließt,
Das schönste Heilungsmittel wirkt nicht mehr.
Ich muß dich lassen, und verlassen kann
Mein Herz dich nicht.

TASSO.

Ihr Götter, ist sie's doch
Die mit dir spricht und deiner sich erbarmt!
Und konntest du das edle Herz verkennen?
War's möglich daß in ihrer Gegenwart

Der Kleinmut dich ergriff und dich bezwang?
Nein nein, du bist's, und nun ich bin es auch.
O fahre fort und laß mich jeden Trost
Aus deinem Munde hören! deinen Rat
Entzieh mir nicht, o sprich: was soll ich tun?
Damit dein Bruder mir vergeben könne,
Damit du selbst mir gern vergeben mögest,
Damit ihr wieder zu den Euren mich
Mit Freuden zählen möget. Sag mir an.

PRINZESSIN.

Gar wenig ist's was wir von dir verlangen,
Und dennoch scheint es allzuviel zu sein.
Du sollst dich selbst uns freundlich überlassen.
Wir wollen nichts von dir was du nicht bist,
Wenn du nur erst dir mit dir selbst gefällst.
Du machst uns Freude wenn du Freude hast,
Und du betrübst uns nur wenn du sie fliehst;
Und wenn du uns auch ungeduldig machst,
So ist es nur, daß wir dir helfen möchten
Und, leider! sehn daß nicht zu helfen ist;
Wenn du nicht selbst des Freundes Hand ergreifst,
Die, sehnlich ausgereckt, dich nicht erreicht.

TASSO.

Du bist es selbst, wie du zum erstenmal
Ein heilger Engel mir entgegen kamst!
Verzeih dem trüben Blick des Sterblichen
Wenn er auf Augenblicke dich verkannt.
Er kennt dich wieder! Ganz eröffnet sich
Die Seele, nur dich ewig zu verehren.
Es füllt sich ganz das Herz von Zärtlichkeit –
Sie ist's, sie steht vor mir. Welch ein Gefühl!
Ist es Verirrung was mich nach dir zieht?
Ist's Raserei? ist's ein erhöhter Sinn,
Der erst die höchste reinste Wahrheit faßt?
Ja, es ist das Gefühl, das mich allein
Auf dieser Erde glücklich machen kann;
Das mich allein so elend werden ließ,
Wenn ich ihm widerstand und aus dem Herzen

Es bannen wollte. Diese Leidenschaft
Gedacht ich zu bekämpfen; stritt und stritt
Mit meinem tiefsten Sein, zerstörte frech
Mein eignes Selbst, dem du so ganz gehörst.
PRINZESSIN.
Wenn ich dich, Tasso, länger hören soll,
So mäßige die Glut die mich erschreckt.
TASSO.
Beschränkt der Rand des Bechers einen Wein
Der schäumend wallt und brausend überschwillt?

Mit jedem Wort erhöhest du mein Glück,
Mit jedem Worte glänzt dein Auge heller.
Ich fühle mich im Innersten verändert,
Ich fühle mich von aller Not entladen,
Frei wie ein Gott, und alles dank ich dir!
Unsägliche Gewalt die mich beherrscht,
Entfließet deinen Lippen; ja, du machst
Mich ganz dir eigen. Nichts gehöret mir
Von meinem ganzen Ich mir künftig an.
Es trübt mein Auge sich in Glück und Licht,
Es schwankt mein Sinn. Mich hält der Fuß nicht mehr.
Unwiderstehlich ziehst du mich zu dir
Und unaufhaltsam dringt mein Herz dir zu.
Du hast mich ganz auf ewig dir gewonnen,
So nimm denn auch mein ganzes Wesen hin.

Er fällt ihr in die Arme und drückt sie fest an sich.

PRINZESSIN *ihn von sich stoßend und hinwegeilend.*
Hinweg!
LEONORE *die sich schon eine Weile im Grunde sehen lassen, herbei-
eilend.*
Was ist geschehen? Tasso! Tasso!

Sie geht der Prinzessin nach.

TASSO *im Begriff ihnen zu folgen.*
O Gott!
ALFONS *der sich schon eine Zeitlang mit Antonio genähert.*
Er kommt von Sinnen, halt ihn fest.

Ab.

Fünfter Auftritt

Tasso. Antonio.

ANTONIO.

O stünde jetzt, so wie du immer glaubst
Daß du von Feinden rings umgeben bist,
Ein Feind bei dir, wie würd er triumphieren?
Unglücklicher, noch kaum erhol ich mich!
Wenn ganz was Unerwartetes begegnet,
Wenn unser Blick was Ungeheures sieht,
Steht unser Geist auf eine Weile still,
Wir haben nichts womit wir das vergleichen.

TASSO *nach einer langen Pause.*

Vollende nur dein Amt, ich seh du bist's!
Ja du verdienst das fürstliche Vertraun,
Vollende nur dein Amt, und martre mich,
Da mir der Stab gebrochen ist, noch langsam
Zu Tode! Ziehe! Zieh am Pfeile nur,
Daß ich den Widerhaken grimmig fühle
Der mich zerfleischt!
Du bist ein teures Werkzeug des Tyrannen,
Sei Kerkermeister, sei der Marterknecht,
Wie wohl! wie eigen steht dir beides an!

Gegen die Szene.

Ja, gehe nur Tyrann! Du konntest dich
Nicht bis zuletzt verstellen, triumphiere!
Du hast den Sklaven wohl gekettet, hast
Ihn wohl gespart zu ausgedachten Qualen:
Geh nur, ich hasse dich, ich fühle ganz
Den Abscheu, den die Übermacht erregt,
Die frevelhaft und ungerecht ergreift.

Nach einer Pause.

So seh ich mich am Ende denn verbannt,
Verstoßen und verbannt als Bettler hier?

162

So hat man mich bekränzt, um mich geschmückt
Als Opfertier vor den Altar zu führen.
So lockte man mir noch am letzten Tage
Mein einzig Eigentum, mir mein Gedicht
Mit glatten Worten ab und hielt es fest!
Mein einzig Gut ist nun in euren Händen,
Das mich an jedem Ort empfohlen hätte,
Das mir noch blieb vom Hunger mich zu retten!
Jetzt seh ich wohl warum ich feiern soll.
Es ist Verschwörung, und du bist das Haupt.
Damit mein Lied nur nicht vollkommner werde,
Daß nur mein Name sich nicht mehr verbreite,
Daß meine Neider tausend Schwächen finden,
Daß man am Ende meiner gar vergesse;
Drum soll ich mich zum Müßiggang gewöhnen,
Drum soll ich mich und meine Sinne schonen.
O werte Freundschaft, teure Sorglichkeit!
Abscheulich dacht ich die Verschwörung mir,
Die unsichtbar und rastlos mich umspann,
Allein abscheulicher ist es geworden.

Und du, Sirene! die du mich so zart,
So himmlisch angelockt, ich sehe nun
Dich auf einmal! O Gott warum so spät!

Allein wir selbst betrügen uns so gern,
Und ehren die Verworfnen die uns ehren.
Die Menschen kennen sich einander nicht;
Nur die Galeerensklaven kennen sich,
Die eng an *eine* Bank geschmiedet keuchen;
Wo keiner was zu fordern hat und keiner
Was zu verlieren hat, die kennen sich!
Wo jeder sich für einen Schelmen gibt,
Und seinesgleichen auch für Schelmen nimmt.
Doch wir verkennen nur die andern höflich,
Damit sie wieder uns verkennen sollen.

Wie lang verdeckte mir dein heilig Bild
Die Buhlerin, die kleine Künste treibt.

163

Die Maske fällt, Armiden seh ich nun
Entblößt von allen Reizen – ja, du bist's!
Von *dir* hat ahndungsvoll mein Lied gesungen!

Und die verschmitzte kleine Mittlerin!
Wie tief erniedrigt seh ich sie vor mir!
Ich höre nun die leisen Tritte rauschen,
Ich kenne nun den Kreis um den sie schlich.
Euch alle kenn ich! Sei mir das genug!
Und wenn das Elend alles mir geraubt,
So preis ich's doch, die Wahrheit lehrt es mich.

ANTONIO.
Ich höre, Tasso, dich mit Staunen an,
So sehr ich weiß wie leicht dein rascher Geist
Von einer Grenze zu der andern schwankt.
Besinne dich! Gebiete dieser Wut!
Du lästerst, du erlaubst dir Wort auf Wort,
Das deinen Schmerzen zu verzeihen ist,
Doch das du selbst dir nie verzeihen kannst.

TASSO.
O sprich mir nicht mit sanfter Lippe zu,
Laß mich kein kluges Wort von dir vernehmen!
Laß mir das dumpfe Glück, damit ich nicht
Mich erst besinne, dann von Sinnen komme.
Ich fühle mir das innerste Gebein
Zerschmettert, und ich leb um es zu fühlen.
Verzweiflung faßt mit aller Wut mich an,
Und in der Höllenqual die mich vernichtet
Wird Lästrung nur ein leiser Schmerzenslaut.
Ich will hinweg! Und wenn du redlich bist,
So zeig es mir, und laß mich gleich von hinnen.

ANTONIO.
Ich werde dich in dieser Not nicht lassen;
Und wenn es dir an Fassung ganz gebricht,
So soll mir's an Geduld gewiß nicht fehlen.

TASSO.
So muß ich mich dir denn gefangen geben?
Ich gebe mich und so ist es getan;

Ich widerstehe nicht, so ist mir wohl –
Und laß es dann mich schmerzlich wiederholen,
Wie schön es war was ich mir selbst verscherzte.
Sie gehn hinweg – O Gott! dort seh ich schon
Den Staub der von den Wagen sich erhebt –
Die Reuter sind voraus – dort fahren sie,
Dort gehn sie hin! Kam ich nicht auch daher?
Sie sind hinweg, sie sind erzürnt auf mich.
O küßt ich nur noch einmal seine Hand!
O daß ich nur noch Abschied nehmen könnte!
Nur einmal noch zu sagen: o verzeiht!
Nur noch zu hören: Geh, dir ist verziehn!
Allein ich hör es nicht, ich hör es nie –
Ich will ja gehn! Laßt mich nur Abschied nehmen,
Nur Abschied nehmen! Gebt, o gebt mir nur
Auf einen Augenblick die Gegenwart
Zurück! Vielleicht genes ich wieder. Nein,
Ich bin verstoßen, bin verbannt, ich habe
Mich selbst verbannt, ich werde diese Stimme
Nicht mehr vernehmen, diesem Blicke nicht,
Nicht mehr begegnen –
ANTONIO.
    Laß eines Mannes Stimme dich erinnern,
Der neben dir nicht ohne Rührung steht!
Du bist so elend nicht als wie du glaubst.
Ermanne dich! Du gibst zu viel dir nach.
TASSO.
    Und bin ich denn so elend wie ich scheine?
Bin ich so schwach wie ich vor dir mich zeige?
Ist alles denn verloren? Hat der Schmerz,
Als schütterte der Boden, das Gebäude
In einen grausen Haufen Schutt verwandelt?
Ist kein Talent mehr übrig, tausendfältig
Mich zu zerstreun, zu unterstützen?
Ist alle Kraft verloschen, die sich sonst
In meinem Busen regte? bin ich *nichts*,
Ganz *nichts* geworden?
Nein, es ist alles da und ich bin nichts;

Ich bin mir selbst entwandt, sie ist es mir!

ANTONIO.

Und wenn du ganz dich zu verlieren scheinst,
Vergleiche dich! Erkenne was du bist!

TASSO.

Ja, du erinnerst mich zur rechten Zeit! –
Hilft denn kein Beispiel der Geschichte mehr?
Stellt sich kein edler Mann mir vor die Augen,
Der mehr gelitten als ich jemals litt,
Damit ich mich mit ihm vergleichend fasse?
Nein, *alles* ist dahin! – Nur *eines* bleibt:
Die Träne hat uns die Natur verliehen,
Den Schrei des Schmerzens, wenn der Mann zuletzt
Es nicht mehr trägt – Und mir noch über alles –
Sie ließ im Schmerz mir Melodie und Rede,
Die tiefste Fülle meiner Not zu klagen:
Und wenn der Mensch in seiner Qual verstummt,
Gab mir ein Gott zu sagen, wie ich leide.

Antonio tritt zu ihm und nimmt ihn bei der Hand.

TASSO.

O edler Mann! Du stehest fest und still,
Ich scheine nur die sturmbewegte Welle.
Allein bedenk, und überhebe nicht
Dich deiner Kraft! Die mächtige Natur,
Die diesen Felsen gründete, hat auch
Der Welle die Beweglichkeit gegeben.
Sie sendet ihren Sturm, die Welle flieht
Und schwankt und schwillt und beugt sich schäumend über
In dieser Woge spiegelte so schön
Die Sonne sich, es ruhten die Gestirne
An dieser Brust, die zärtlich sich bewegte.
Verschwunden ist der Glanz, entflohn die Ruhe.
Ich kenne mich in der Gefahr nicht mehr,
Und schäme mich nicht mehr es zu bekennen.
Zerbrochen ist das Steuer und es kracht
Das Schiff an allen Seiten. Berstend reißt
Der Boden unter meinen Füßen auf!

166

Ich fasse dich mit beiden Armen an!
So klammert sich der Schiffer endlich noch
Am Felsen fest, an dem er scheitern sollte.   167

Biographie

1749   *28. August:* Johann Wolfgang Goethe wird in Frankfurt am Main als Sohn des Kaiserlichen Rates Dr. jur. Johann Caspar Goethe und seiner Frau Catharina Elisabeth, geb. Textor, geboren. Die Eltern legen großen Wert auf die Ausbildung Goethes. Bereits früh erhält er Privatunterricht in Latein, Griechisch, Englisch und Italienisch sowie im Schönschreiben.

1750   *Dezember:* Geburt der Schwester Cornelia.

1757   Erste literarische Versuche.

1764   *April:* Goethe erlebt als Zuschauer die Kaiserkrönung Josephs II. in Frankfurt.

1765   *Oktober:* Goethe immatrikuliert sich in Leipzig zum Jurastudium. Außerdem hört er Vorlesungen in Philosophie und Philologie, unter anderem bei Christian Fürchtegott Gellert und Johann Christoph Gottsched.
Dezember: Beginn des Zeichenunterrichts bei Adam Friedrich Oeser, der ihn zugleich mit den Ideen Johann Joachim Winckelmanns vertraut macht.

1766   Liebesbeziehung zu Anna Katharina (Käthchen) Schönkopf.

1767   Erste Arbeit am Schäferspiel »Die Laune des Verliebten« (private Uraufführung 1779, öffentliche Erstaufführung 1805, Erstdruck 1806).

1768   *Frühjahr:* Aufenthalt in Dresden.
Ende der Liebesbeziehung zu Käthchen Schönkopf.
Juli: Goethe erleidet einen Blutsturz.
August–September: Reise von Leipzig nach Frankfurt am Main.
Dezember: Schwere Krankheit mit lebensgefährlicher Krise. Es folgt eine längere Periode der Rekonvaleszenz.

1769   Beschäftigung mit Fragen der Kunsttheorie, vor allem setzt Goethe sich mit Gotthold Ephraim Lessings »Laokoon« und Johann Gottfried Herders »Kritischen Wäldern« auseinander.

1770   Goethe entschließt sich, das Studium in Straßburg und – nach der Promotion – in Paris fortzusetzen.
April: Goethe schreibt sich in Straßburg zum Jurastudium

ein. Allerdings interessiert er sich wenig für die Rechtswissenschaften, sondern hört vor allem medizinische Vorlesungen über Anatomie und Chirurgie, daneben beschäftigt er sich mit Geschichte und Staatswissenschaften.

Oktober: Erster Besuch in Sesenheim. Bekanntschaft mit Friederike Brion, der Tochter des dortigen Pfarrers.

Bekanntschaft mit Johann Gottfried Herder, der tiefen Einfluss auf Goethe ausübt.

1771   Bekanntschaft mit Jakob Michael Reinhold Lenz, der als Hofmeister zweier kurländischer Edelleute nach Straßburg kommt.

August: Goethe wird zum Lizentiaten der Rechte promoviert. Anschließend Rückkehr nach Frankfurt am Main, wo er beim Schöffengericht als Rechtsanwalt zugelassen wird.

November: Niederschrift der »Geschichte Gottfriedens von Berlichingen mit der eisernen Hand dramatisiert« (Erstdruck 1832).

1772   *Januar:* Bekanntschaft mit dem Kriegszahlmeister und Schriftsteller Johann Heinrich Merck und dem Darmstädter Zirkel der Empfindsamen.

Intensive Mitarbeit an den »Frankfurter Gelehrten Anzeigen«.

Mai: Goethe wird Praktikant am Reichskammergericht in Wetzlar.

Bekanntschaft mit Charlotte Buff.

Fertigstellung des Hymnus »Von deutscher Baukunst«, der gemeinsam mit Aufsätzen von Herder innerhalb des Sammelbandes »Von deutscher Art und Kunst« erscheint.

September: Goethe verlässt Wetzlar und wandert nach Ems. Anschließend Besuch bei Sophie von La Roche in Thal-Ehrenbreitenstein.

Bekanntschaft mit Johanna Katharina Sybilla Fahlmer.

Reisen nach Wetzlar und Darmstadt.

Vermutlich am Ende des Jahres beginnt Goethe mit der Niederschrift der ersten Szenen zum »Faust«, an dessen Urfassung er bis 1775 arbeitet.

1773   Aufenthalt in Darmstadt.

November: Hochzeit der Schwester Cornelia mit Johann

Georg Schlosser und deren Umzug nach Emmendingen. Goethe und Merck veröffentlichen die überarbeitete Fassung des »Götz« im Selbstverlag.

1774 *Januar:* Im »Göttinger Musenalmanach« erscheinen erstmals Gedichte von Goethe.

Innerhalb weniger Wochen verfasst Goethe den Briefroman »Die Leiden des jungen Werthers«, der im Herbst erscheint. Das von orthodoxen Theologen erwirkte Verbot wegen Gefährdung der Moral kann den Siegeszug des Romans nicht aufhalten, der mit zahllosen Neuauflagen, Raubdrucken und Imitationen zu Goethes einzigem Erfolgswerk auf dem literarischen Markt wird. Ein regelrechtes Werther-Fieber erfasst die junge Generation.

Beginn der Briefwechsels mit Gottfried August Bürger, Johann Caspar Lavater und Friedrich Gottlieb Klopstock. Freundschaft mit Friedrich Maximilian Klinger.

April: Das Drama »Götz von Berlichingen mit der eisernen Hand« wird in Berlin uraufgeführt.

Frühsommer: Konzeption des Trauerspiels »Egmont«. Fertigstellung des Trauerspiels »Clavigo« in einer knappen Woche (Buchausgabe im gleichen Jahr).

Sommer: Lahn- und Rheinreise mit Johann Kaspaar Lavater und Johann Bernhard Basedow.

In Elberfeld Zusammentreffen mit Johann Heinrich Jung-Stilling, Johann Georg Jacobi, Wilhelm Heinse und Friedrich Heinrich Jacobi.

Oktober: Goethe lernt Klopstock kennen. Erste Begegnung mit Erbprinz Karl August von Sachsen-Weimar-Eisenach in Frankfurt am Main.

1775 Bekanntschaft mit Maler Müller. Liebesbeziehung zu Lili Schönemann.

Februar: Goethe schreibt das Schauspiel »Stella« (Buchausgabe 1776).

April: Verlobung mit Lili Schönemann.

Mai: Erste Reise in die Schweiz (bis Juli).

September: Herzog Karl August übernimmt die Regierung des Herzogtums Sachsen-Weimar-Eisenach und lädt Goethe nach Weimar ein.

Oktober: Lösung des Verlöbnisses mit Lili Schönemann.

November: Ankunft in Weimar.

Bekanntschaft mit Charlotte von Stein.

1776   Beginn der Freundschaft mit Christoph Martin Wieland.

Frühjahr: Aufenthalt in Leipzig.

April: Goethe zieht in ein Gartenhäuschen an den Ilmwiesen, wo er bis Juni 1782 wohnt.

Juni: Er tritt in den weimarischen Staatsdienst ein und wird zum Geheimen Legationsrat ernannt.

Oktober: Durch Vermittlung Goethes und Wielands kommt Johann Gottfried Herder als Generalsuperintendent nach Weimar.

Dezember: Reise nach Leipzig und Wörlitz.

1777   Beginn der Arbeit an dem Roman »Wilhelm Meisters theatralische Sendung«.

Juni: Tod der Schwester Cornelia.

September–Oktober: Reisen nach Eisenach und auf die Wartburg.

November–Dezember: Goethe reitet allein durch den Harz und besteigt den Brocken.

1778   *Mai:* Reise mit Herzog Karl August über Leipzig und Wörlitz nach Berlin und Potsdam.

September: Aufenthalte in Erfurt, Eisenach, Wilhelmsthal, auf der Wartburg und in Jena.

Dezember: Wiederaufnahme der Arbeit an dem Trauerspiel »Egmont«.

1779   *Januar:* Goethe übernimmt die Leitung der Kriegs- und der Wegebaukommission (bis zum Antritt der italienischen Reise 1786).

März: Goethe schließt die Arbeit an der ersten Fassung des Dramas »Iphigenie auf Tauris« ab, das im April in Weimar uraufgeführt wird. Goethe übernimmt dabei die Rolle des Orests.

September: Goethe wird zum Geheimen Rat ernannt.

Zweite Reise in die Schweiz mit Karl August über Kassel (Treffen mit Georg Forster). In Zürich wohnt Goethe bei Lavater. Treffen mit Johann Jakob Bodmer.

Dezember: Rückreise über Stuttgart, Karlsruhe, Mannheim,

Frankfurt und Darmstadt.

1780 *Mai:* Aufenthalt in Erfurt.

Sommer: Fertigstellung des Dramas »Die Vögel. Nach dem Aristophanes« (Buchausgabe 1787).

August: Uraufführung der »Vögel« in Ettersburg.

Oktober: Beginn der Ausarbeitung des »Torquato Tasso«.

1781 Teilnahme an der Weimarer Hofgesellschaft in Tiefurt.

Oktober: In Jena hört Goethe Vorlesungen über Anatomie.

November: Goethe beginnt, im »Freien Zeichen-Institut« Anatomievorträge zu halten.

Dezember: Reisen nach Gotha, Eisenach und Erfurt.

1782 *März:* Goethe reist als Abgesandter des Herzogs an die thüringischen Höfe.

April: Kaiser Joseph II. erhebt Goethe in den Adelsstand.

Mai: Tod des Vaters.

Juni: Einzug in das Haus am Frauenplan.

Nach Entlassung des Kammerpräsidenten Johann August Alexander von Kalb übernimmt Goethe die Leitung der Finanzverwaltung.

Dezember: Aufenthalte in Erfurt, Neunheiligen, Dessau und Leipzig.

1783 *Februar:* Goethe wird in den Illuminatenorden aufgenommen.

Aufenthalte in Ilmenau, Jena, Erfurt, Gotha und Wilhelmsthal.

September–Oktober: Zweite Reise in den Harz, nach Göttingen und nach Kassel.

1784 *März:* Goethe entdeckt in Jena den Zwischenkieferknochen am menschlichen Obergebiss.

August: Dritte Reise in den Harz.

September: Friedrich Heinrich Jacobi besucht Goethe.

1785 *März:* Beginn der Studien zur Botanik.

Juni–August: Reise durch das Fichtelgebirge nach Karlsbad mit Karl Ludwig von Knebel. Erster Kuraufenthalt in Karlsbad, dort Zusammentreffen mit Frau von Stein und Johann Gottfried Herder.

Abschluß des Romans »Wilhelm Meisters theatralische Sendung« (der ersten Fassung des Romans »Wilhelm Meisters Lehrjahre«).

1786	*Juli–August:* Zweiter Aufenthalt in Karlsbad.

September: Goethe bricht heimlich von Karlsbad nach Italien auf. Zunächst reist er über München, Innsbruck, Verona und Padua nach Venedig, wo er zwei Wochen bleibt.

Oktober: Weiterreise über Bologna und Florenz nach Rom.

Dezember: Abschluss der endgültigen Fassung des Dramas »Iphigenie auf Tauris« (erscheint 1787 in den »Schriften«).

1787 *Februar:* Abreise nach Neapel und Sizilien.

März: Goethe besteigt den Vesuv und besucht Pompeji mit Johann Heinrich Wilhelm Tischbein.

August: Abschluss der Arbeit am Drama »Egmont«.

Bei Georg Joachim Göschen in Leipzig beginnt die erste rechtmäßige Ausgabe von Goethes »Schriften« (8 Bände, 1787–90) zu erscheinen.

1788 *April:* Abschied von Rom.

Juni: Goethe kehrt nach Weimar zurück.

Juli: Zunehmende Entfremdung zwischen Goethe und Charlotte von Stein seit Goethes Rückkehr.

Beginn der Liebesbeziehung zu Christiane Vulpius.

Goethe löst die Beziehung zu Charlotte von Stein.

September: Erste Begegnung mit Friedrich Schiller in Rudolstadt.

1789 *September:* Goethe reist nach Aschersleben und in den Harz.

Dezember: Bekanntschaft mit Wilhelm von Humboldt.

Geburt des Sohnes Julius August Walther.

Goethe beendet die Arbeit an dem Drama »Torquato Tasso« (erscheint 1790 in den »Schriften«).

1790 *Januar:* Abschluss der Umarbeitung von »Faust. Ein Fragment« (erscheint in den »Schriften« sowie selbstständig).

März–Mai: Aufenthalt in Venedig.

Juli: Goethe reist nach Schlesien in das preußische Feldlager, nach Krakau und Czenstochau.

Oktober: Rückkehr nach Weimar.

»Die Metamorphose der Pflanzen« (naturwissenschaftliche Schrift).

1791 *Januar:* Goethe übernimmt die Leitung des Weimarer Hoftheaters.

März: Das Drama »Egmont« wird in Weimar uraufgeführt.

1792 *August–Oktober:* Goethe nimmt im Gefolge des Herzogs Karl August am Feldzug gegen das revolutionäre Frankreich teil.

November: Aufenthalt in Düsseldorf bei Friedrich Heinrich Jacobi.

Dezember: Goethe besucht die Fürstin Gallitizin in Münster. Die zweite Werkausgabe, »Goethes neue Schriften«, erscheint bei Johann Friedrich Unger in Berlin (7 Bände, 1792–1800).

1793 *April:* In wenigen Tagen schreibt Goethe das Lustspiel »Der Bürgergeneral«.

Mai–Juli: Aufenthalt in Mainz als Beobachter bei der Belagerung der Stadt.

Entstehung des Versepos »Reineke Fuchs« (erscheint 1794 in den »Neuen Schriften«).

November: Geburt der Tochter Caroline, die kurz darauf stirbt.

1794 *August:* Ein Brief Schillers mit einer Charakteristik von Goethes Geistesart leitet die Freundschaft und Zusammenarbeit der beiden Schriftsteller ein.

Oktober: Goethe stimmt Schillers philosophisch-ästhetischer Abhandlung »Über die ästhetische Erziehung des Menschen in einer Reihe von Briefen« zu.

Verkehr im Kreise der Jenaer Professoren.

Goethe beendet seine Novellendichtung »Unterhaltungen deutscher Ausgewanderten«, die 1795/97 in Schillers Zeitschrift »Die Horen« erscheint.

1795 *Juli–August:* Kuraufenthalt in Karlsbad.

»Wilhelm Meisters Lehrjahre« (1.–4. Band).

1796 *Mai:* Bekanntschaft mit August Wilhelm Schlegel.

Goethe schließt die Arbeit an dem Versepos »Hermann und Dorothea« ab (erscheint im folgenden Jahr).

Gemeinsame Arbeit mit Schiller am »Musen-Almanach für das Jahr 1797« (erscheint September 1796), dem so genannten »Xenien-Almanach«.

Beginn der Verbindung mit Carl Friedrich Zelter in Berlin, aus der bald eine tiefe Freundschaft erwächst.

Der singuläre »Briefwechsel zwischen Goethe und Zelter in

den Jahren 1796 bis 1832« (6 Bände, 1833–34) wird nach dem Tod beider Freunde von Friedrich Wilhelm Riemer ediert.

1797   *März:* Bekanntschaft mit Friedrich Schlegel.

Schiller vermittelt die Bekanntschaft mit Johann Friedrich Cotta in Tübingen, der in den folgenden Jahrzehnten Goethes Hauptverleger wird.

Gemeinsame Arbeit mit Schiller am »Musen-Almanach für das Jahr 1798« (erscheint Oktober 1797), dem so genannten »Balladen-Almanach«.

August: Goethe reist in die Schweiz.

Dezember: Goethe übernimmt die Oberaufsicht über die Bibliothek und das Münzkabinett in Weimar.

Arbeit an der Neufassung des »Faust«.

1798   *März:* Goethe lernt Novalis kennen.

Juni: Fertigstellung der Elegie »Die Metamorphose der Pflanzen«.

Oktober: Die von Goethe herausgegebene Kunstzeitschrift »Propyläen« beginnt zu erscheinen (1798–1800).

1799   Erste Kunstausstellung der Weimarer Kunstfreunde.

3. Dezember: Schiller siedelt von Jena nach Weimar über.

1800   *April:* Reise mit Herzog Karl August nach Leipzig und Dessau.

1801   *Januar:* Goethe erkrankt an Gesichtsrose.

Juni: Reise mit dem Sohn August zur Kur nach Pyrmont. Aufenthalte in Göttingen und Kassel.

Oktober: Georg Wilhelm Friedrich Hegel besucht Goethe in Weimar.

1802   Goethe hält sich häufig in Jena auf.

Januar: Besuch von Friedrich de la Motte Fouqué.

Februar: Erster Besuch von Zelter in Weimar.

Juni/Juli: Aufenthalte in Lauchstädt, Halle und Giebichenstein.

Dezember: Geburt der Tochter Kathinka, die bald darauf stirbt.

1803   *Mai:* Reise nach Lauchstädt, Halle, Merseburg und Naumburg.

September: Friedrich Wilhelm Riemer wird Hauslehrer von

Goethes Sohn.

November: Goethe übernimmt die Oberaufsicht über die naturwissenschaftlichen Institute der Universität Jena.

1804 *August–September:* Aufenthalte in Lauchstädt und Halle.

September: Goethe wird zum Wirklichen Geheimen Rat mit dem Prädikat Exzellenz ernannt.

1805 Mehrmalige schwere Erkrankung Goethes (Nierenkolik).

9. Mai: Tod Schillers.

Juli–September: Aufenthalte in Lauchstädt.

August: In einem Artikel in der »Jenaischen Allgemeinen Literatur-Zeitung« spricht sich Goethe gegen die romantische Kunst aus.

Reise nach Magdeburg und Halberstadt.

Besuch in Jena, Zusammentreffen mit Achim von Arnim und Prinz Louis Ferdinand von Preußen.

»Winckelmann und sein Jahrhundert«.

Goethes Übersetzung von »Rameaus Neffe. Ein Dialog« von Denis Diderot erscheint.

1806 *April:* Goethe schließt »Faust. Der Tragödie Erster Teil« ab (Buchausgabe 1808).

Juni–August: Kuraufenthalt in Karlsbad.

Oktober: Heirat mit Christiane Vulpius.

1807 Erste Entwürfe zu dem Roman »Wilhelm Meisters Wanderjahre«.

April: Bettina Brentano besucht Goethe.

Mai–September: Goethe hält sich zur Kur in Karlsbad auf.

Bekanntschaft mit Minchen Herzlieb.

1808 *Mai–September:* Aufenthalte in Karlsbad und Franzensbad.

September: Tod der Mutter Goethes.

1809 Goethe schließt den Roman »Die Wahlverwandtschaften« ab (Buchausgabe im gleichen Jahr).

1810 *Mai–September:* Aufenthalte in Karlsbad, Teplitz und Dresden.

Goethes naturwissenschaftliches Hauptwerk »Zur Farbenlehre« (2 Bände) erscheint.

1811 *Mai–Juni:* In Karlsbad mit Christiane Vulpius und Friedrich Wilhelm Riemer.

Beginn der Arbeit an »Dichtung und Wahrheit«. Die ersten

drei Teile erscheinen zwischen 1811 und 1813, der vierte und letzte 1833 in der Ausgabe letzter Hand.

1812   *Mai–September:* Aufenthalte in Karlsbad und Teplitz. Begegnungen mit Ludwig van Beethoven und Kaiserin Maria Ludovica von Österreich.

1813   *April–August:* Aufenthalt in Naumburg, Dresden und Teplitz.
November: Goethe lernt Arthur Schopenhauer kennen.
Beginn der Arbeit an der »Italienischen Reise« (3 Bände, 1816–29) als Fortsetzung seines autobiographischen Werkes.

1814   *Mai–Juni:* Aufenthalt in Bad Berka bei Weimar.
Juni: Goethe schreibt die ersten Gedichte der Sammlung »West-östlicher Divan«.
Juli–Oktober: Reise an den Rhein und den Main.
Goethe besucht die Brüder Boisserée in Heidelberg.

1815   *Mai:* Zweite Reise an Rhein und Main.
Juli: Fahrt von Nassau nach Köln mit dem Freiherrn v. Stein.
Dezember: Goethe wird zum Staatsminister ernannt.
Goethe schreibt mehr als 140 Gedichte für den »West-östlichen Divan«.

1816   *6. Juni:* Nach schwerer Erkrankung stirbt Goethes Frau Christiane.
Juli–September: Aufenthalt in Bad Tennstedt.
Gemeinsam mit Johann Heinrich Meyer gibt Goethe die Kunstzeitschrift »Über Kunst und Altertum« (6 Bände, 1816–32) heraus.

1817   *April:* Goethe gibt die Leitung des Hoftheaters auf.
Juni: Heirat des Sohnes August mit Ottilie von Pogwisch.

1818   *April:* Geburt des Enkels Walther.
Juli–September: Aufenthalt in Karlsbad.

1819   Goethe beendet die Arbeit am »West-östlichen Divan« (erscheint im gleichen Jahr, erweiterte Ausgabe in 2 Bänden 1827).
August/September: Aufenthalt in Karlsbad.

1820   *April:* Zur Kur nach Karlsbad.
September: Geburt des Enkels Wolfgang.

1821   *Juli–September:* Aufenthalte in Marienbad und Eger.
Goethe begegnet zum ersten Mal Ulrike von Levetzow.

1822 *Juni–August:* Aufenthalte in Marienbad und Eger.

Goethe beendet die Niederschrift der autobiographischen Schrift »Campagne in Frankreich 1792. Belagerung von Mainz« (erscheint im gleichen Jahr).

1823 *Februar:* Goethe erkrankt an einer Herzbeutel- und Rippenfellentzündung.

Juni: Johann Peter Eckermann besucht Goethe.

Juli–August: Letzte Kur in Marienbad.

August–September: Aufenthalte in Eger und Karlsbad.

1824 *Juli:* Bettina von Arnim besucht Goethe.

Oktober: Besuch von Heinrich Heine.

1825 *Februar:* Goethe nimmt die Arbeit am »Faust II« wieder auf.

1826 *August –September:* Bettina von Arnim besucht Goethe.

September: Besuch des Fürsten von Pückler-Muskau.

September/Oktober: Franz Grillparzer ist für einige Tage Goethes Gast.

Dezember: Alexander und Wilhelm von Humboldt zu Besuch.

1827 *Januar:* Tod der Freundin Charlotte von Stein.

Besuche von Zelter und Hegel.

Oktober: Geburt der Enkelin Alma.

Bei Cotta in Tübingen erscheint der erste Band der Ausgabe letzter Hand (40 Bände, 1827–30, postum 20 Bände 1832–42).

1828 Besuch von Ludwig Tieck.

Juni: Tod des Großherzogs Karl August.

Juli–September: Aufenthalt auf der Dornburg.

Der »Briefwechsel zwischen Goethe und Schiller in den Jahren 1794 bis 1805« (6 Bände 1828–29) wird veröffentlicht.

1829 *Januar:* Der erste Teil des »Faust« wird in Braunschweig unter der Regie von Ernst August Friedrich Klingemann uraufgeführt.

Goethe beendet die Überarbeitung seines Romans »Wilhelm Meisters Wanderjahre« (erscheint im gleichen Jahr in den »Werken«).

1830 *Februar:* Tod der Großherzogin Luise.

Mai–Juni: Der Komponist Felix Mendelssohn-Bartholdy

besucht Goethe.

Oktober: Tod des Sohnes August in Rom.

November: Goethe erleidet einen Blutsturz.

1831   *Juli:* Goethe beendet die Arbeit an »Faust. Der Tragödie Zweiter Teil« (erscheint nach Goethes Tod 1832 in den »Werken«).

August: Aufenthalt in Ilmenau.

1832   *22. März:* Nach einwöchiger Krankheit stirbt Goethe.

26. März: Beisetzung in der Weimarer Fürstengruft.